民国ABC丛书

教育心理学ABC

朱兆萃　著

知识产权出版社

全国百佳图书出版单位

图书在版编目（CIP）数据

教育心理学ABC / 朱兆萃著. — 北京：知识产权出版社，2017.1

（民国ABC丛书 / 徐蔚南等主编）

ISBN 978-7-5130-4668-8

Ⅰ. ①教… Ⅱ. ①朱… Ⅲ. ①教育心理学 Ⅳ. ①G44

中国版本图书馆CIP数据核字（2017）第020398号

责任编辑：文　茜　　　　　　　　责任校对：潘凤越

封面设计：sun工作室　　　　　　责任出版：刘译文

教育心理学ABC

朱兆萃　著

出版发行	知识产权出版社有限责任公司	网　　址	http：//www.ipph.cn
社　　址	北京市海淀区西外太平庄55号	邮　　编	100081
责编电话	010-82000860 转 8342	责编邮箱	wenqian@cnipr.com
发行电话	010-82000860 转 8101/8102	发行传真	010-82000893/ 82005070
印　　刷	北京科信印刷有限公司	经　　销	各大网上书店、新华书店及相关专业书店
开　　本	880mm×1230mm　1/32	印　　张	8.125
版　　次	2017 年 1 月第 1 版	印　　次	2017 年 1 月第 1 次印刷
字　　数	95 千字	定　　价	30.00 元

ISBN 978-7-5130-4668-8

再版前言

　　民国时期是我国近现代史上非常独特的一个历史阶段，这段时期的一个重要特点是：一方面，旧的各种事物在逐渐崩塌，而新的各种事物正在悄然生长；另一方面，旧的各种事物还有其顽固的生命力，而新的各种事物在不断适应中国的土壤中艰难生长。简单地说，新旧杂陈，中西冲撞，名家云集，新秀辈出，这是当时的中国社会在思想、文化和学术等各方面的一个最为显著的特点。为了向今天的人们展示一个更为真实的民国，为了将民国文化的精髓更全面地保存下来，本社此次选择了世界书局于1928~1933年间出版发行的 ABC 丛书进行整理再版，以飨读者。

　　世界书局的这套 ABC 丛书由徐蔚南主编，当时所宣扬的丛书宗旨主要是两个方面：第一，"要把各种学术通俗起来，普遍起来，使人人都有获得各种学术的机会，使人人都能找到各种学术的门径"；第二，"要使中学生、大学生得到一部有系统的优良的教科书或参考书"。因此，ABC 丛书在当时选择了文学、中国文学、西洋文学、童话神话、艺术、哲学、心理学、政治学、法律学、社会学、经济学、工商、教育、历史、地理、数学、科学、工程、路政、市政、演说、卫生、体育、军事等 24 个门类的基础入门书籍，每个作者都是当时各个领域的知名学者，如茅盾、丰子恺、吴静山、谢六逸、张若谷等，每种图书均用短小精悍的篇幅，以深入浅出的语言，向当时中国的普通民众介绍和宣传各个学科的知识要义。这套丛书不仅对当时的普通读者具有积极的启蒙意义，其中的许多知识性内容

再版前言 ‖

和基本观点，即使现在也没有过时，仍具有重要的参考价值，因此也非常适合今天的大众读者阅读和参考。

本社此次对这套丛书的整理再版，将原来繁体竖排转化为简体横排形式，基本保持了原书语言文字的民国风貌，仅对部分标点、格式进行规范和调整，对原书存在的语言文字或知识性错误，以及一些观点变化等，以"编者注"的形式加以标注，以便于今天的读者阅读。希望各位读者在阅读本丛书之后，一方面能够对民国时期的思想文化有一个更加系统、深刻的了解，另一方面也能够为自己的书橱增添一份用于了解各个学科知识要义的不可或缺的日常读物。

知识产权出版社

2016 年 11 月

ABC 丛书发刊旨趣

徐蔚南

西文 ABC 一语的解释，就是各种学术的阶梯和纲领。西洋一种学术都有一种 ABC，例如相对论便有英国当代大哲学家罗素出来编辑一本《相对论 ABC》，进化论便有《进化论 ABC》，心理学便有《心理学 ABC》。我们现在发刊这部 ABC 丛书有两种目的：

第一，正如西洋 ABC 书籍一样，就是我们要把各种学术通俗起来，普遍起来，使人人都有获得各种学术的机会，使人人都能找到各种学术的门径。我们要把各种学术从智识阶级的掌握中解放出来，散遍给全体民众。

ABC 丛书是通俗的大学教育,是新智识的泉源。

第二,我们要使中学生、大学生得到一部有系统的优良的教科书或参考书。我们知道近年来青年们对于一切学术都想去下一番工夫,可是没有适宜的书籍来启发他们的兴趣,以致他们求智的勇气都消失了。这部 ABC 丛书,每册都写得非常浅显而且有味,青年们看时,绝不会感到一点疲倦,所以不特可以启发他们的智识欲,并且可以使他们于极经济的时间内收到很大的效果。ABC 丛书是讲堂里实用的教本,是学生必办的参考书。

我们为要达到上述的两重目的,特约海内当代闻名的科学家、文学家、艺术家以及力学的专门研究者来编这部丛书。

现在这部 ABC 丛书一本一本的出版了,我们就把发刊这部丛书的旨趣写出来,海内明达之士幸进而教之!

一九二八,六,二九

例 言

本书的骨干，是以普通心理学为经，教育心理学为纬，专供欲求教育心理学底[1]知识而且没有学过普通心理学者之用，为进研高深的有系统的教育心理学底阶梯。

本书对于现代心理学底派别，如构成主义（Structrualism），及机能主义（Functionalism）、行为主义（Behaviorism）等三大派别，因其各有特征，采长舍短，立论不偏，使学者有自己选择底余地。

本书为节省篇幅起见，且另有专书，所以

---

[1] 即"的"，为民国时期的语言特色，故不做修改。——编者注

1

对于知的现象中底思考作用，不加详述，希望读者参考本丛书中底《论理学 ABC》。

编者限于时间，错误的地方，在所不免，愿为指正，无任盼望！

编者识于金陵华大

一九二八，十，十五

目 录

1

目 录 ||

目 录 ||

第一编

总 说

01

心理学底对象

第一章　心理学底对象 ‖

我们游春时，见绮丽的花色，嗅芬芳的清香，闻宛妙的鸟声，都是直接经验的事实。这些直接经验的事实，都要以心的活动为主，才能够见、能够嗅、能够闻。这种心的活动，叫做心的历程（Mental Process），或叫做心的现象（Mental Phenomena）。如把瞬息间心的历程底全内容概括的说，就叫做意识（Conscious）了，心理学是把心的历程为研究对象的一种学问。

心理学（Psychology），以心的历程为对象，目的是在明了全体的性质，个个心的内容底相关联相结合的状态，以及和外界的交涉等，从而找出一个普遍的法则来。简单地讲起来，心理学是把心的历程底全内容为对象，而研究其法则的科学。

心理学所处理的主要问题，从其目的而论，区分如下：

（1）人底具体的现实的心的经验，是复合体。无论如何单纯的心的经验，细细检查起来，是从种种要素而成立的。分析这个具体的心的经验，直至不能分解而为最简单的心的要素止，是为心理学研究的第一步。

（2）具体的心的历程，常常是这样心的要素相关结合（Interconnection）而表现着。所以不得不决定这种心的要素所结合的方法，及支配其结合的法则。

（3）心的历程和生理的历程相结合的。

身体的状态一有变化，心理的历程亦相应变化。例如开眼时和闭眼时，其一是看见物体的，即明亮的心的状态；其他是不见物体的，即黑暗的心的状态。又如深刻地思考事物，或紧张注意的时候，觉到身体底变化和心的历程常相结合。因此，知道"分析心的历程而再综合"的方法后，同时，不得不发见❶这种历程中所起的生理作用的变化底法则。

（4）人是不能离开空间的关系而生存的，所以生存的环境，常常影响于心的历程。发见这种环境和精神的交涉，又为心理学研究的一事项。

心理学以心的现象为对象的科学，所以哲学是不必讲，伦理学、论理学、社会学、历

------

❶ 即"发现"。以下同。——编者注

史等有关系于精神的一切学问，都给以多大的基础。从此可知，这种学问的发达，有赖于心理学的发达甚多。尤其是教育学和心理学，最有深切的关系。

心理学和教育学的关系

第二章　心理学和教育学的关系 ‖

心理学，不只为精神科学的基础，对于生理学、生物学，都算是补助的科学，有益于实际生活的指导者，也是不少。甚至近来政治上、军事上、医术上、实业上，种种人类活动的范围中，没有不应用心理学的，也没有不能应用心理学的。只有应用的程度不同罢了。不过，最初应用心理学的，仅限于教育的范围。因为教育，是以儿童青年心身的完全发达为其目的，欲达这目的，非熟知儿童底本性，明了其发达的状态是不行的。如一般的教育方法和日常的训练教授管理等，不合于儿童精神发达的程度和其法则时，那末教育不特不能举充分的效果，而且儿童反受其害，所以要辅导儿童的本性，非应用心理学不可。

海尔巴尔脱（Herbert）说："心理学和教育学有密切的关系者，也是在教育的方法上着想，教育的方法，在于适应儿童心身的发达，而儿童底作业，不可不依据这法则。"心身的发达，作业的法则，都是为心理学的对象，这种对象的知识，实形成教育学底一般的基础的。从这一点看来，心理学者，可称得教育学底基础科学。实验教育学，把发达和作业的研究为其主要的对象，就是这个道理。

第二编

心的历程总说

Chapter

第一章

01

意　识

第一章　意　识

　　前面所讲，现于某瞬息间现实经验底心的历程底全内容，把他总括起来，叫做意识，除了个个心的内容外，没有别的意识存在着，心的历程全体，就是意识。所以意识活动，可以说就是结合其组织心的要素底统一作用。意识不是特殊的能力，也不是势能（Energy），只可以说现于人底认识底根本的事实，如再要用其他的言语来定义，是不可能了，因为定义意识，也不过是把已经意识的言语来叙述的。

　　无意识状态对于意识状态，叫做无意识，但是无意识是无经验的，因为无意识，现于意识而意识其无意识，是不可能的，所以意识和无意识底区别，是不能严密的。

照上面说来，欲知意识是什么东西，那末，可以说：意识是现于经验底心的和身体的条件，也就是不过把伴于经验底构成要素，抽象地一一分析而已。所以心理学者底任务，如前面所讲，分析这种要素，以明其用什么方法而结合的。

人底意识，好像集合许多细流而流的河流底样子，常常从内外来的许多刺戟❶化于心而和多样的心的要素相结合，不绝地变化。这种样子相互结合而无间隙的，叫做意识底连续性；不绝的变化活动，叫做意识底变化性，又其虽然变化流转，常相连结以保其统一，而统一多样心的内容者，叫做意识底统一性。

---

❶ 即"刺激"。以下同。——编者注

第一章　意　识 ‖

所以意识就是在人底觉醒中，常感受内外底刺戟，而对这刺戟以营适当的反应底思想之流（Stream of Thought）。

现实经验底意识，是合一体的，不可分割的，但是一反省各种心的现象，自然能见其特征。把这特征为基础，为研究底便宜计，意识分为三方面。

认识事物或现象的方面，叫做知的作用。认识这对象，同时对于这对象，为快不快底主观的反应方面，叫做情的作用。又从知而认识对象是什么，因此为情的反应，同时因为营适当底顺应的处置所努力活动的意识底发动方面，叫做意的作用。

这样说来，把意识分而考察，是为研究上底便利，心理学底抽象的结果。

Chapter
第二章

02

意识底生理的基础

第一节　神经系统及其机能

前面所讲意识底活动和身体底活动有密切的关系，所以从生物学方面说明起来，愈加明了。

电话局是在中间为媒介者，以司许多加入者底连络，仿佛是有机的活动。有意识者，从下等动物起至高等动物止，尤其是人类，容受外界底刺戟的；为对这刺戟而反应底器官和为这二者媒介底器官，均极发达的。这种器官，总称之为神经系统（Nervous System）。

人底神经系统大别之，为中枢部和末梢

部二种，但是这种神经系统是怎样的？营何种机能的呢？

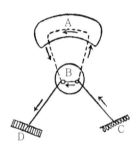

A，B.中枢部；C，D.末梢部

第 1 图　感觉运动圈

例如晓得客人在门口询问主人之在否，一闻其声，即入于耳，这个兴奋传达于中枢部，就想"何人来了？"立即出去相见。这是感到外界底刺戟，对此而为调整的运动，从此可知，末梢部和中枢部，常相连结而活动的。这个活动，叫做感觉运动圈。如上图。

容受内外印象底机关，是眼、耳、鼻、舌、皮肤的五种感觉器官，而表出其运动的机关，是筋肉和线，这是属于末梢部的。又为连络这二者起见，有知觉和运动的二神经。这是以营传达兴奋为主的。中枢部是司这种感知运动而统一起来的，分为大脑、延髓、脊髓等，现在下面，再说明这个神精[❶]系统底构造。

第二节　神经原

神经系统构造上的单位，叫做神经原（Neuron）。神经原可分细胞和纤维二种，细胞底形状，依身体底部分而不同，或为圆形，或为针状，其外部以柔膜包着，内部有原形质，其中又有核，核中更有一个及至数个之仁。

细胞表面，有膨胀的二种突起，一名轴索突起，他名树枝状突起，轴索突起，就是神经纤维，长者，有在身长一半以上者，大抵达于身体底表面，其梢头细细分化，好像伞形

---

❶　应为"神经"。——编者注

25

花状，所以这叫做末端丛束（Arborization）。
这个梢头和其他树枝状突起相联络，把兴奋
从细胞传达于远方。树枝状突起，并不见得
十分长，它底梢头，是树枝状的，和轴索突
起相连络，把兴奋向细胞传达。这二种突起
底连络部分，名叫连络部（Synapsis。）

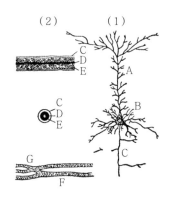

第 2 图　神经原

（1）神经细胞及纤维

A. 树枝状突起；B. 细胞；C. 轴索突起

（2）神经纤维及其断面

D. 许横氏鞘；E. 轴索；F. 髓；G. 无鞘神经纤维底交错

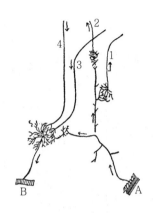

第3图　神经底机能

A. 感官；B. 筋肉

只有神经原是不能活动的，这样构造上的单位，至少要有一对以上，才能发现神经机能，这叫做神经机能上底单位。上图底1、2是表示其把从感官A所感受的奋兴，传达于中枢的连络，3、4是表示从中枢传达运动于筋肉B的连络。就是表示这为感觉运动圈的神经底机能。

第三节　中枢神经

神经系统，是为前面所讲的神经原，相合而现其机能的东西，不过从内外来的许多刺戟，为容受机关的末梢部而受取，经过中枢部，再出于表出机关的末梢部，而为适当的反应运动；至于中枢部的连络，虽极形复杂，大别之，可分为下列三种。

一、脊髓

脊髓在于脊柱的纵空内，为扁平圆柱状的柔物质，上端接着延髓，下端分为多数的神经，从灰白质和白质底二层而成。灰白质从主要的神经细胞和突起而成，白质从神经织维而成，脊髓底灰白质，为 I 官形而在于内部，内质为其外层，和大脑相连络而传达刺载与兴奋，同时为其自身底瞳孔散大、脱粪、排尿等反射运动底中枢。

二、延髓小脑

延髓是连络大脑及小脑和脊髓底部分，脊髓底上部为头盖腔内重要中枢，掌理呼吸、心脏鼓动底速度、血液底循环等生来具有的自动运动及饮食物底咀嚼咽吞底反射运动。

小脑在于大脑底后下部，分为左右两半球，其表面有细小横纹的褶襞，为随意筋底运动中枢。

三、大脑

大脑分左右两半球，白质在于内部，灰白质在于外部，有所谓形成皮质走于纵横的许多的褶襞，罗兰特（Rolando）沟、雪尔维斯（Sylvious）沟等底裂沟，叫做脑沟，脑沟间的隆起部，各为回转。

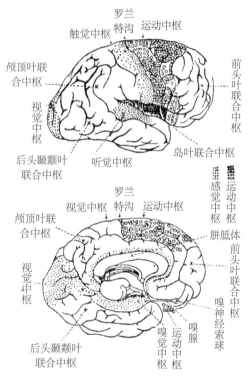

第 4 图　大脑图 ●

大脑底皮质，从其部位而异其机能底分

●　图名为本次再版所加。——编者注

担，大别之为：（1）从那容受内外底刺激的感觉性神经原所形成的部分，叫做感觉域。（2）从那传达兴奋于运动器官的运动性神经原所成底部分，叫做运动域。（3）从为前二者底连合统一的联合性神经原所成底部分，叫做联合域。

　　大脑图底圈底部分表示运动域，黑点底部分表示感觉域，且表示其从各感官和其机能而异其部位，其他是表示其以联合域分为前头、后头、颅顶、颞颥底四域。

　　一切意识的行动，以这四域而行。

　　例如下图，表示默书底作业的，以示其听觉中枢（A）、视觉中枢（V）、发语中枢（E）和书记运动中枢（W）互相连络而活动。这是从次章所欲讲的注意作用而意识地所行的行动底模式。

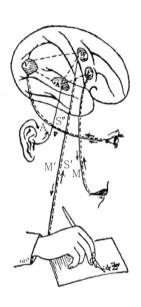

第 5 图　书记运动

S′. 触觉的运动的知觉；S″. 视觉的知觉；A. 听觉的

知觉；M. 发语运动；M′. 书记运动

Chapter

第三章

03

注　意

第三章　注　意 ‖

第一节　注意底本质

人在觉醒中，不绝地活动，而为认识外界作用底一般的基础者，叫做注意（Attention）。换一句话说，注意就是从瞬间的印象中，在某方面特别选择，明了地认识之，排斥其他部分底活动。所以注意愈紧张，愈深入于注意之人。显然明了这一部分和其他部分的截然不同，且这被排除的部分，愈加不明了。

人底意识，好像细小的河流，缓缓地朝向光耀灿烂花木茂盛的旷野方面进行不已的样子，迎着许多的刺戟，不绝地统一于目的

底方向而流转（参照第一章）。这种意识流，
一瞬间整个地印象着的全体内容，叫做识野。
识野之中，特别明了的部分，叫做意识底焦点。
在这以外的部分，叫做意识底周边（Fringe）。
有这个缘由，某瞬息中一见到人底意识，知
道有很特殊的明了的部分，这部分统一全体
的意识历程，而把这为中心，排列着逐渐不
明了的部分，全体的整个意识遂被他组织
而成。

第 6 图　识野之图

1.无意识；2，3.漠然的意识；4.稍明了的意识；

5.意识焦点

第三章　注　意 ||

　　人在觉醒中不绝地受着从内外来的种种刺戟。例如，试反省在一室中热心读书时底意识状态，当时眼耳手皮肤加以全身，从内外来了多少的刺戟，但是这种刺戟底全部，明了地感知者没有，只有书籍底内容，特被选择于其中，意识底焦点，明白地认识着，其他是或者朦胧地意识着的，或有全无意识的。

　　如若这种刺戟，完全同时有同样的势力占据人底意识中，那末好像洪水决堤一样，意识陷于混乱的状态，幸而人在意识历程中有注意作用，特把某方面的印象，选择起来，明了地意识，其他部分，拒绝其占意识的中心，前者叫做注意底选择作用，后者叫做注意底抑制作用。

第二节　注意底特征

从上面所讲，我们可把注意底特征和性质，摘录于下：

（1）注意底强度，有种种的程度。（2）注意于一瞬间保持所得的刺戟数，各人不同，而此数叫做"注意之广度"。（3）没有注意底表象，受抑制作用后，乃一点不能明白表现于意识，所以注意底第三特征，是抑制少数的印象。（4）因注意有抑制，所以注意被分配于一定数的印象。却是分配有多少，抑制和分配，为注意底相反性质。注意底抑制，是使一定数的印象明晰，分配是扩张注意的意思。（5）注意底诱出和持续的法则，而区别其注意，那末可分为有意注意、无意注意。

第三节 注意底种类

注意有下列三种。

一、所动注意

授业中，突然有入教室，或闻飞机底暴音，一定不识不知之间，集中其注意，这种注意自然地从外界来的刺戟中所引起的，叫做所动注意。

二、能动注意

不发一言，倾耳听人说话时，或尽力地书写文字时，是把某目的故意地意识于事物或现象，这叫做能动注意。能动注意底特征，是为努力和紧张之感。至于友人的到着，或待汽车底来时，引起一种期待心者，这叫做预期注意，也是能动注意底一种。

三、第二次所动注意

起初努力注意底事物，因为复注意底结果，到后来不用意识，也能注意，这叫做第二所动注意。第二次所动注意，是能动注意的练习底结果习惯化，而退于所动的，从意识经济上讲来，诚为一大需要。

动物和幼儿底注意，虽为所动的，但是经验渐多，目的欲望渐旺，因之能动注意随着努力，也逐渐发现。第二次所动注意，是为有训练的意识者底特征，所以把注意的言语来学习时着想，注意作用底发达，从所动而进于能动，更从这能动而进于第二次所动，是能反复更替的。

第四节　伴着注意底精神现象和身体现象

伴着注意底精神现象中，最当注意者为

紧张感觉。没有这个感觉，恐没有注意的活动，通常叫做散漫和放心。紧张感觉，从筋肉底紧张而来的感觉为主，如再加以身体内部底消化、呼吸、血行等感觉，成为快和不快的感情了。从注意底种种状态所生底身体现象，都要现于颜面底表情和呼吸心脏底活动。在注意底时候，呼吸浅平，一到高度的注意，一时停止其呼吸者，也是有的。

第五节　教育上的注意

儿童和成人，虽各有差异，都是从其年龄底增加，逐渐消灭；注意之广，徐徐扩张，增添其连续，多大其方向，一到学龄，受教师指导后，遂从所动注意发达到能动注意，缺少兴味的课业，也能努力将事了。注意是为各种精神作用底基础，尤其是对于儿童，为根本的条件，所以各时代的教育家，都是注全力于注意的养成；各种教授，往往在学生底注意发动上施行之。

幼小时候，所动的注意极盛，所以初步的教授，于学习内容和其形式上，务使其多兴味，各时间中，当唤起其所动注意而进行教授。又缺乏兴味者，那末当自己努力的，须示以注意的态度，渐次引导他们，依自然底发达和教育底效力，期其能动注意底发达完成。但是，儿童底注意，是感觉的，范围极狭，所以教材和教授法，务使其为具体的，少用言语，多用实物、模型、绘画、标本等；当拿出这种实物模型时，不必示以多物，只须给他们一一顺次观察。

精神薄弱的儿童，注意作用上，缺陷极多。如强欲其注意，那末苦痛随之而生。先天的精神衰弱者有二种：一为白痴，一为痴愚。白痴之甚者，竟不能受教育，轻者稍能教化；

第三章　注　意 ||

痴愚在感觉和运动上无大障碍，惟有记忆联想思考等底作用，不及常人之半者，教育这种儿童，为教师者，当用特殊的方法，先促其注意发达，其次使其练习感觉言语等。

第三编

知的现象

Chapter

第一章

01

感 觉

第一章　感　觉 ‖

第一节　感觉底意义

生物抵抗外界，顺从外界，不可不先知外界底状态和其变化，这就叫做认识。司认识的末梢器官，叫做感官。感官中最早发生者，要算是皮肤，如极简单的动物的埃米排（Ameba），神经系统既未分化，特殊感觉，也付缺如。但是能从其身体底表面，感知外界底变化，有强敌而逃遁，有食物而获取之。从动物的进化，神经系统的分化，随之而起，使特殊的变化，特殊的刺戟，都从特殊的器官而感知。舌是吟味滋味的,鼻是辨别臭气的。鼻子比皮肤、舌等较为进化，虽不接触外物，还能知其臭的性质，所以其知的作用底空间的范围，非常广大。至于耳朵，范围更阔，而眼睛虽在远距离底实物，从光线得知其形状。

照这样说来，我们从种种感官感得外界的事变，传达于大脑，生起一种生理学的变化。表现一种简单的精神状态，这就叫做感觉（Sensation）。这种单一的感觉，日常的精神作用中，存在者极少，其所表现者，大抵为数种感觉底融合状态，要经验单一的感觉，几为不可能的事体。不过我们于特别的实验装置之下，得在诸感觉底融合状态中，看到近似的单一感觉。上面所讲的诸官底识别作用，实在以诸感觉融合为基础的。我们对于研究上，却不可不尽其力量，分离其各种感觉底融合状态，探究其各种感觉底特性。总而言之，从我们所有的明白区别着的眼、耳、鼻、舌、皮等所发的感觉，叫做特别感觉（Special

Sensation），至于从内的刺戟，起于筋肉、关节、腱和内脏各种器官等区分不明的一种感觉，叫做一般（普通）感觉（General Sensation）。下面所论的，就是立在这种见地之下，以人为的方法，分析统一精神底现象，给恒常性于流转的精神历程而记载其特征。

第二节　皮肤底感觉（外部触觉）

皮肤有四种的感觉器官，从这种器官，承受特殊的刺戟后，所发生于大脑皮肤底感觉，有各种特殊的性质，就是压觉、痛觉、温觉、冷觉。这总称之为皮肤觉（Cutaneous Sensation），或者叫做外部触觉。

一、压觉（Tautual Sensation❶）

使被验者静坐而闭其目，在其皮肤底面

---

❶　即 Pressure Sensation。——编者注

上，用薄纸轻轻接触，被验者不知道刺戟物是什么，不过感得有物接触罢了，这种感觉，叫做压觉。压觉底锐钝，从皮肤底部分而差别。细察的时候，须缩小其接触于皮肤上的刺戟面积，愈小愈好，否则有发生温、冷、痛等异类感觉底感官同时受其刺戟的弊病。检查压觉底器械，叫做毛端触觉计，为傅莱所创作，试验的时候，仿佛像马尾毛刺戟吾人。用这器械检查压觉时，以被验者底皮肤的一定部分，画为 30 粍❶底平方形，再把这方形分为三粍底平方形，轻触这个毛端触觉计底毛端于其线上，渐次移动着，那末，皮面各处都感得显著的感触，这就叫做压点。照此细查各线上的压点时，可知其压点底分布。压点是为压觉机官存在底地方，从哥尔特写台起，始行研究压点底密度，从身体底部分而不同，额、唇、指尖等地方极密，腰部最

---

❶ 公制长度单位，毫米。——编者注

粗，毛根底地方，必有压点，无论什么东西，接触于皮肤时，感觉很强者，就是这个道理。压觉底辨别力，从压点底密度而异，至于压点，老幼同数，儿童底压觉，比较的锐敏者，因其压点底分布，比成人较密的缘故。

二、痛觉（Pain Sensation）

用稍锐的毛压迫皮肤，那末处处都感到痛，这就叫做痛觉。感痛的地方，叫做痛点。检查痛点者，用粗毛的毛端触觉计，压点虽有明确的局所征验，却是痛觉有波及于其他的性质，所以缺乏明确的局所征验。像我们牙痛的时候，不能确知其局所者，就是这个道理。痛点同样分布于皮肤下面，一平方约有二百余。这种痛点，不问怎样刺戟，其强度增加时，都起痛觉。例如浸足于极冷的水，或接触于稍强的电，必人人都感到痛。无论什么感觉，超越一定的程度，那末必有害于身体，所以藉此早为感知，可以退而护身。

测定痛觉底锐钝，可用喀脱尔所创作的痛觉计。痛觉是男子比女子稍锐，优等生比劣等生锐敏，从来压觉和痛觉，二者混而为一，不过认作强度的差异罢了。最近研究，照下面所讲，一般主张这二者为性质各异的感觉。就是身体以内，只有压觉，而缺乏痛觉者，也是有的，如颊底内面底粘膜，有压点无痛点。又测定感觉发现所需的时间，压觉须时极短，痛觉需时极长。如以可街衣因（麻醉剂）液，涂于结膜上面，那末痛觉底感性尽失，所存在者，只有压觉。使用塞巴银时，那末消减压觉，只残留痛觉了。

三、温度感觉（Sensation of Temperature）

浸皮肤于冷水就感冷，浸皮肤于温水就感温，这就叫做冷觉、温觉。这两种感觉，

第一章 感 觉 ‖

似乎皮肤什么部分，都能同样生起的。但是
精密地检查起来，不是这样的。试于左腕底
内面和检查压点时相同，划作同样的许多区
域，用浸于冷水底冷钉底尖端，在其线上随
接触而缓缓地移动起来，那末随有起冷觉之
点，这叫做冷点。如把钉头在缓缓地移动时
感冷之处，用墨汁记之，就可得冷点底分布
图。但是为精密的试验者，另有冷觉计和温
觉计，所以检查温点时，不用浸于温水底钉
头，也可使温觉计检查的，其法和前相同。
我们皮肤，随着外界温度而有多少变化，然
常不远于固有的温度（平均33度），这叫做
生理零点。接触于比这温度较低的刺戟底冷
点时，就起冷觉；接触于高的刺戟的温点时，
就起温觉，起冷觉底适当刺戟为12度至15
度，温觉底刺戟是38度至40度。用45度
以上的温度刺戟冷点，就起温觉；用5度以下
的温度刺戟温点，就生冷觉，这就叫做反对

温度感觉。但是反一方向而论，用极高度的温度刺戟冷点，就生冷觉，这叫做矛盾温度感觉。

温度感觉，顺应性很广，冬季惯于低温，夏季应于高温，因之感知温度底标准，冬夏不同，所谓温暖的冬日，凉爽的夏夕，是从差异底标准而判定的。寒夜入浴时，起初感到很热，后来觉得稍冷，就是这个道理。

四、部位觉（局标，Local Sign）

皮肤底感觉，常常觉到起于皮肤的那一个地方，这叫做部位觉（局标）。局标是向来以压觉为主而附带地实验的，用两脚规，二点二点地使其办别 ❶ 感觉空间底最小距离，以明锐钝底尺度，这叫做压觉底空间辨别性，他的锐钝依皮肤底部分而不同。

---

❶ 疑为"辨别"。——编者注

第三节　味觉和嗅觉

一、味觉（Gustatory Sensation）

各种物质成溶液后，舌上的粘膜及软口盖一部分上的味蕾中的味细胞，即被刺戟。其兴奋达于脑时，即起味感，这叫做味觉。精密研究味觉时，当先制成各种溶液及其含量上有等差者，然后涂于被验者底舌上，使其内省。味觉底性质，为甜、咸、酸、苦底四种。舌底各部的感受性有不同：舌底尖端感甘味，近于后部舌根底地方感苦味，左右两侧，感觉酸味，最为敏锐，咸味是到处敏捷觉得的。

	甘	咸	酸	苦
舌底尖端	0.40	0.34	0.055	0.0004
两　侧	0.70	0.38	0.035	0.0003
舌　根	0.60	0.40	0.050	0.0006

海涅希于舌底各部上，曾经精密研究其感受性底敏锐怎样，得结果如上，所列数字，系对于水所加味觉刺戟物底分量。

又有叫做涩味、辣味二种，系属上记四种味觉一部底融合，加以皮下筋收缩底味觉的表象，通常我们叫做味者，味觉以外，融合温度觉、压觉、嗅觉、筋觉等底一种表象。所以同一食物，从温度而异其味，患伤风的时候，嗅觉尽失，味也变化，其原就在这个地方。

味觉底教育和道德生活有密切的关系。幼小底时候，对于食物底嫌恶，除自然的个性的要求外，务必要加以制止，如酒、茶、咖啡及其他刺戟性饮食底嗜好都要屏除，代以淡泊而适合于健康底食物。青年期中，食物底嗜好最易传染，所以宜特别注意。

第一章　感　觉 ‖

二、嗅觉（Olfactory Sensation）

发挥性的气体刺戟鼻上部底嗅细胞后，其兴奋即达于大脑而发生一种"香"的感觉，这就叫做嗅觉。嗅细胞位于鼻中隔底最上部，介在上甲介和下甲介上部底表皮细胞间，其形如杆，刺戟来袭这项细胞时，即起一种化学变化，这是嗅觉底原因。

嗅觉因质多而杂，故不能完全分类，世人多用以起嗅底事物和随伴于感情底意义区别之，如"梅花底香""麝香"，等等。不过，这种不是科学的分类，全为便宜上而区别的。现在一般所采用底学术的分类，是依据雀横特马克尔底分类法的。香气共有九种，今分述如下：（1）以太（Eather）底香；（2）埃罗梅（Aroma）底香（例如樟脑）；（3）排尔萨母（Balsam）（各种花）；（4）麝香底香;（5）菲菜底香;（6）焦灼底臭;（7）山羊底臭（奶酪、汗）;（8）毒臭（麻醉剂）;（9）催呕性底臭（死尸）。这九种香气相互间有何种关系，尚未明了。

嗅觉易于疲劳，如推气乃（Titchener）实验，嗅蔷薇时，经过 30 秒后即全然无感，入芝兰之室，久而不闻其香，入鲍鱼之肆，久而不闻其臭，就是这个道理。嗅觉底锐敏，从男女、教育程度、犯罪等，颇有差异。

一般女子比男子嗅觉锐敏，而各种底犯罪者、娼妇等，较常人极为迟钝。嗅觉在青年期中，急遽发达，好像和生殖机能有关系的样子。从问答统计底结果，花卉底芳香，于青年期后，极为注意。尤其是妙龄女子，常常给以一种非常的愉快，所以少女对于毛发、衣服、肥皂、香料等物有一种特殊的兴味。从这个原因，生出种种好恶者有之。嗅觉底薄弱和缺损底儿童，他的鼻子，必有障碍，而鼻底障碍和精神作用有密切底关系，所以有缺乏嗅觉底儿童，当通知家庭或校医，使其治疗。

第四节　听　觉

从物体振动所生的音波，击鼓膜，经中耳槌骨、砧骨、镫骨，过卵圆窗，直达于内耳底淋巴液，波动随之而起，这个波动，能起共鸣于内耳底基础膜。从这共鸣经过神经而传达于大脑皮质，音的感觉遂发生，这种感觉，就叫做听觉（Auditory Sensation）。

听觉有音底高低、强弱、音色的三性质。

一、高低

音底高低，依振动数多少而不同。普通各人底音，以听到为度的最小振动数，一秒中约为 12，而最大数约为 45000 乃至 5 万。不过近这两端的音，甚难听得，且多不快，所以平常乐器，通用 64 乃至 5000 个振动音。钢琴有二种，大钢琴发生 27 至 4220 底振动音；小钢琴能出 33 至 3520 底振动音。风琴有 16 振动乃至 8448 振动。

二、强弱

音底强弱，从振动底幅而定，幅大者强，幅小者弱。

三、音色

乐器和音叉底音，所感觉者，好像单音；车马底音，所感觉者，好像单音底复合体。前者叫做乐音，后者叫做噪音，乐音底音波，为正规则的进行，噪音是绝对不规则的。因此乐音大抵明晰安定，而噪音极不明确。日常耳所闻的噪音，是噪音和多数乐音底混合体。谈话底声音，叫做噪音，而母音是近于乐音的。

乐音底感觉，虽像单一音，实在是多音底集合体，这集合底各音叫做部音。部音中高度底最低者，其强度却最强，所以有统一其他各部音底情形，而叫做基音或原音。其他的部音，当于基音底倍音，所以这个部音，为上部音。上部音比于基音，虽高而弱，却常常从属基音，给予特殊的趣味于协和音全体。这乐音底趣味，叫做音色。

二种以上的乐音同时出发，倘感觉各乐音融合而为一乐音时，这叫做协和音，反之，叫做不协和音。如风琴底 C′ 和 C″ 音，为最上协和音，而 C′ 音和 D′ 音为不协和音。协和音因可起强度的快感，不过协和中有多少分离的倾向者更好，如 C′ 和 C″ 过于协和完全，未免有单调之感，若 C′ 和 E′，C′ 和 G′，E′ 和 G 协和较不完全，而内容反形充实，能起一种多中有一，异中有同的妙感。

从幼儿起直至成人止，发声的范围，是渐渐发达的。帕尔善（Paulsen）对于声域发达，曾经施以精密的研究。知道变声始于 13 岁和 15 岁的中间，13 岁儿童底 50% 已示变声的征候，14 岁为 70%，15 岁者为 80%。

6 岁的女儿易于发得的最低音为 d′，而最高音为 a′，所以声域至 d′、e′、f′、g′、a′ 四音程半。从此至 9 岁间，最低音 d′ 不变，而声域底扩张，进于高音底方面。7 岁时增一音半，进于 c^2 声域六音程。8 岁为 d^2，9 岁为 e^2，直至 10 岁遂向于低音底方面，逐渐发达，从 d′ 而至 g 下降至于 e，10 岁以后，最高音从 f^2 进于 a^2。

男儿声域发达的状态，虽与女儿约略相同，却是比较女子最高的音、最低的音，均所不及。声域最广的时候，在女子为 13 岁，在男子为 14 岁。

　　音乐和教育，最有关系。因为音乐，是幼儿所好，不过，感得音乐底真趣者，是在十二三岁时候。在这个时期中，不特喜人工的音乐，就是自然的音响，也能激动其胸奥，如草木底声，山水底音，均足以感动的。据研究者底调查，说最好音乐者，是在 15 岁，此后的一二年间，其热狂甚至有万事不顾之概。直至 17 岁，除有特殊天性的青年外，大抵皆失其热度。或有自信为天赋的音乐家，而不知实非天才者，一到了这个时候，热狂骤减，兴味渐少，不识不知间，自己底个性，逐渐明了。这种事实，于师范学校及女学校的学生，往往有之。

　　这样说来，真正的音乐教育，当在 12 岁至 17 岁间行之。从幼时起到这时期止，当全

力注意于音乐底基本能力（如高低强弱音色
等辨别学习和发声底修练等），但是，这种练
习，当利用儿童底幼稚的兴味，避忌干燥的
练习。从 11 岁至发情期间，如为声音底练习，
实于音乐上，最为有效。

第五节 视 觉

振动以太而生光波，光波入眼，接触角
膜，来于水晶体，行适当的屈折，经硝子体
而达于网膜，在于网膜中央底小凹处，叫做
中央小窝，因其含有黄色素，叫做黄点。在
这部分，为感觉细胞圆锥体的群生处，色彩
感觉，最为敏锐；更进而至于周围，圆锥体底
数，渐次减少，有一种杆体细胞者，逐渐增
加，而杆体细胞，对于明暗，易起兴奋。从
这两细胞发生一种化学变化，奋激视神经而
起一种神经冲动，这冲动传达于大脑底视觉

第一章　感　觉 ‖

中枢，识别其光和色，这就叫做视觉（Visual Sensation）。

视觉底性质，虽有数种，普通的区分，只有光觉（无色觉）和色觉二种。

一、光觉（明暗觉）

通常称为白黑者，非真的色彩，不过光线强度底差异，这光线强度底感觉，叫做光觉（Sensation of Light），光觉从白、淡灰色、灰色、深灰色，直至于黑，自成一系统，为便宜起见，得以一直线表之：即光线强度微弱时，其感觉为黑，强大时，其感觉为白，吾人底眼得在这黑白底中间，约为600种的质底区别。

二、色觉

我们对于黑白底光觉外，尚有赤、绿、

紫等底感觉，这就叫做色觉（Sensation of Colour）。色觉比光觉稍为复杂，普通的色的区别外，尚有明暗之差，浓淡之别。所以通常的色觉，可别为色调、明暗（光度）、饱和三种。不过这三种，是心理学分析底结果，于实际底感觉，并非分别表现，常属融合不离，例如见赤色时，颜色底明暗和浓淡度等同时被感知的。

（1）色调。光波底长（或光波底振动数），有无数底差异，因其差异，对于人眼，现出颜色的不同。普通我们所得区别的，色底差异，得达数百种以上，其应用于工业上者，也有 200 余种。这种色质差异，叫做色调。所以色调，从物理而言，是振动数底差，或波长底不同。我们把呈显著的色调依振动数底差，顺次排列起来，有赤、橙、黄、黄绿、绿、青绿、青、青灰、紫、牡丹 10 种，能环为一轮，叫做色轮。

色轮中相对底颜色，互为补色，没有补色底二色，混合起来，生中间色，把补色用混色器混和起来，即呈灰色。

（2）光度。太阳底光线，用分光器而分析之，立见分光景（Spectrum）底色，色调以外，尚有显然明暗底相差。就是黄者是明，至绿、青绿渐次不明；赤最暗，至紫处又稍明，从赤而归于黄，更加显明。这就叫色觉底明暗。又同一色彩，也从光度而有明暗，例如日中鲜明底赤色，到夕阳西下，一变而为浅黑，入于黄昏，那全变为黑色了。至于吾人感到光度底大小，其根本原因，是关系于光波底振幅的大小的。

（3）饱和。色调和明暗，虽一定不易，从饱和之度，色觉也生变化。如分光底色，是纯粹色，并不混杂何等不纯之物，饱和极其完全，饱和不完全者，就带有白、灰、黑等色。

三、残象

外界底适当刺戟感官后，直至感觉底发现，需要一定底时间，这时间叫做感觉底潜伏时。一般学者对于色觉潜伏时底解说，说是感光细胞发生光的化学变化时起，至视神经底兴奋达于大脑时所需底时间。视觉除这种潜伏外，其消灭时，也要有相当底时间，这叫做视觉底残留时。视的刺戟消灭，其感觉尚残留时，这感觉叫做残象（After-image）。如洋灯底光，凝视数秒后，急除其光，尚得暂时见这稍暗底洋灯光，就是这个残象。残象之中，和原刺戟同一色调者，叫做积极残像；反之，如若呈现原刺戟底补色，或其反对底光觉者，叫做消极残象。如影戏为前者底例子；又如我们在天气晴朗底日中，凝视其映于地上底日影，经过二三分钟，即转向而见大空，常常见到黑底反对的白色底像，这是后者底例子。

四、对比

残象是无载刺而感觉残存底意思。现在与此少异其趣，依刺载底排列，能使刺载底性质，增加其显明。例如分别观察反对底赤绿两色，不如把赤绿两色相接而观察，较为明亮。凡百刺载相互影响使其特色更加强者，一般叫做对比。色觉中，反对之色，极易发现对比。对比从各感觉知觉始，直至种种精神作用，是常常表现底现象，我们不识不知之间，实际生活中，时常应用的。

五、视觉底障碍

一切感觉器官中，障碍最多者，要算视

71

觉，视觉障碍底主要者，为近视、远视、复视、乱视及色盲。近视、远视、复视、乱视底障碍，是起于水晶体底屈折律的过大或过小，及从眼轴的过长等所起底焦点或近及或远，或者有两个，或者有两个以上而成的。至于色盲，有全部色盲一部色盲的分别，一部色盲中最多者为绿色盲和赤色盲，绿色盲虽能感得黄、青，但把赤色感为暗黄，绿色感为灰色。又赤色盲虽能认黄绿色，却以赤色为灰色。色盲男子多于 2.5%，女子少于 0.5%。

六、视觉和教育

胎儿眼睛发生之初，先有杆体，次生圆锥体，所以婴儿先现光觉，渐次发达其色觉，幼稚院中，初就学的儿童，已有通常底色觉和通常底色彩识别力。不过往往因其不知名称，时时混同不清，却不是由于色觉感觉底不完全，所以在这个期中，注意于视觉名称底联想教育，比注意于规定练习为要。幼儿学习色调底区别和其名称底顺序，均属一样。在幼儿中学习色彩名称底顺序，大抵先记忆黑白底名称，其次进于赤青绿各色，幼儿所有色底名称，实不过上述底数种。

第六节　一般感觉

感得体内诸器官底变化及其状态者，叫做一般感觉，一般感觉底主要者有三。

一、运动感觉（内部触觉）（Kinaesthetic Sensation）

这是识别感知起于筋肉、腱、关节等运动底感觉。

如在感觉运动圈底条上所说的样子，运动、感觉，一方能自己感知运动底位置，一方为意识作用的表出于外界的基础。所以日常生活，固然不必论，在学习知识技能上也是很要紧的感觉。

二、有机感觉（Organic Sensation）

这是感知起于消化、呼吸、血底流行等内部器官的状态或变化底感觉。有机感觉，一般是和情感相结合而表现的，给予精神上多大底影响，又和生存最有直接的关系，所以助自我之感也大。

三、平衡感觉（Sensation of Balance）

这是于内耳底三半规管，感知全身的相称，运动底平衡等底感觉。平衡感觉生障碍时，不能保头部及身体底平衡。

Chapter

第二章

02

知　觉

第二章　知　觉

第一节　知觉底意义

我们从感觉而感知外物底性质，全是断片的，并非统一的，外物底性质，在我们心中统一的感知者，叫做知觉（Sense Perception）。例如观苹果时，只感其赤色者，是为感觉。但是融合色、形、大小等各性质为单一的苹果而感知者，即为知觉。人底行动，以知外物为主，所以教授外物智识底直接教授底原理，不可不建设于知觉底心理、知觉底发达上。知觉底结果，是生产于意识底心底复合体，叫做知觉表象。

知觉作用中，经过感觉而来的印象，从过去底经验补充之同化之，附以一定的意义者，特别叫做类化（Assimilation）。类化好像是人食无生命的物质，同化于生命底生理作用一样。没有物质，不能维持生命，没有过去的经验，不能为有意义的系统的知觉表象。

经过知觉而识物，遂构成知觉表象，至构成这表象底要素，即是重重叠叠经过感官而来的印象，用种种感官而知觉印象时，就叫做直观（Intuition）。

但是外物和事变，在一定场所而发现，在某时间内而生灭，所以外物底知觉，得从空间知觉、时间知觉底两方面去研究的。

第二章　知　觉 ‖

第二节　空间知觉

前节所讲，一切外界底事实和现象，现于一定的空间及时间内的。我们认识物体底方向、位置、形状、大小等，叫做空间知觉；认知一定现象底继续及速度，叫做时间知觉。从空间知觉而生的意识内容，叫做空间表象；从时间而生的意识内容，叫做时间表象。

幼儿底初见日光，即感得光和其广大；皮肤的接触于外物，也觉得接触与其一定的广度，这就是空间表象发达底一方面。其次为从变化方向的运动而生空间底表象，其中以舌及唇底运动为其主要。所以一般研究者，以儿童底原始的空间，叫做口空间，这种最初底空间知觉，完全靠着视、触和运动三种感觉。

对于空间知觉底发达，最重要者为视官。儿童底步行中，疑视静止的物体，或静止中，观察移动的物体时，空间知觉，渐次发达。及到变化两眼底视角，感知外界底事物时，空间知觉，益加精密，空间感官底眼，比较触官，更属精确。皮肤底空间的识别，于敏锐的指头，约为 0.5 粍，于视官可得为 0.00089 粍底区别。触官只得对于庞大的物体，为不精密的知觉，却于视空间，我们的眼，约在五糎 ❶ 标准长底时候，得为其 1/40 乃至 1/50 底识别。所以空间观念底发达，非从视官进行不可。

空间知觉底发达上，重要的有二方面，一为形底精密理解，二为空间底视觉的表现底理解。关于形底方面，是在于平面或立体底事物，其个个部分底相互位置和大小底精

---

❶ 公制长度单位，毫米。——编者注

第二章 知 觉 ‖

密的理解，其他线底比例，平行和角度，位于立体面，似较实物短缩底事实及物体底轮廓线底精细的知觉等等，都是属于这方面的。空间底视觉的表现者，是表现空间事物于模型、绘画、雕刻、地图等，于直观教授及图画手工等科，对于视的表现底教授甚属重要。

幼儿对于形底精细表象，甚为缺乏，只有物体底粗杂的轮廓表象，而无线中各部比例底精密理解。形底观念底精密理解，应于学校时代完成之。

第三节 时间知觉

时间知觉表象底主要构成要素，为听觉触觉及运动感觉。而幼儿底心，殆生活于时间之外，所以他的知觉不完全。不过，一到满二岁时，即能了解单一的拍子，且不完全底拍子，也屡能反复之。及入学校后，课以五分、十分、十五分、三十分、一时间等游戏或作业，那就可从这疲劳状态，直接地经验这种时间关系。但是一日一月一年等复杂关系，五六岁时，到底不能了解。如崔爱（Ziehen）底试验，知道八岁底儿童，不知一日为 24 时间者也是有的：有说是 19 时间者；有说是 23 时间者；有说是 60 时间者。至对于一年底经验，有答为 19 日、21 日、23 日、60 日、160 日、300 日等。一般儿童，于短时间有过大的评价，于长时间有过小的评价底倾向。

这样说来，儿童底时间知觉和时间表象，甚为幼稚，所以包含于说话中的时间关系，宜特别说明，助其理解。而于历史教授上，当竭力注意时代底关系。最妥当者，对于儿童，避去时间关系底事项。

第四节　错觉和幻觉

一、错觉

从外界来的刺戟，被谬误地知觉着，叫做错觉（Illussion）。例如，以影为鬼，以绳为蛇等，即是错觉。错觉通常有中枢的错觉，末梢的错觉二种。

（1）中枢的错觉。这个原因，在于中枢部，因刺戟不明了及预期和习惯等缘由，把印像误谬地类化而成的，前面所举的例就是。

（2）末梢的错觉。这个原因，在于感觉器官底生理的构造，有正常的感觉器官者，也是不能避的。末梢的错觉，或者叫做正错觉，与其说知觉底错误，还不如说知觉底性质。所以末梢的错觉，在各种感觉上，都是

有的。其中最显著，而且有兴味者，要算视
觉底错误，即所谓错视就是。

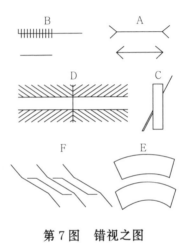

第 7 图　错视之图

二、幻觉

如遇见无人的形，听到无音的话，外界
并无何等刺戟，自己感觉中枢，却是犯了过
敏的兴奋，惹起一种误谬的知觉，这就叫做
幻觉（Hallucination）。这虽是精神病者，多

有发生这种现象，但是正当的人，疲劳底时候，
或者罹热病时候，也极易惹起一种极轻微的
幻觉的。

幻觉和中枢的错觉底区别，虽从刺戟底
有无而区别的。但是幻觉的时候，在身体底
内部，也不能说是全没有刺戟的，所以不能
严密的区别他。

梦是基于错觉或幻觉的，就是从睡眠中
对于内部或外部底刺激，以行一种误谬的类
化和种种过去的经验结合而成的。例如接触
于床底部分，麻痹的时候，觉得在室中飞翔，
急剧地伸长其脚，从高的地方落下来的样子
底梦，就可证明这个来由了。

Chapter
第三章

03

表　象

第三章　表　象 ‖

知觉表象，在其成立有直接关系的刺戟，消灭以后，尚有印象残留于意识阈下。这是从吾人一度经验以后的事物，经过若干时后，再能现于意识上而知道的。

这种一度经验的知觉表象，遇着机缘，再现于意识者，叫做表象（Idea）。或叫做再生表象（Reproduced Idea），和只从感觉知觉而生的知觉表象（Perceptive Idea）相区别。

这种再生表象，再现于意识，是为与其有某种关系底内外刺戟为机缘，从这机缘而来的印象和过去的印象相结合的东西。所以再生表象，决不是过去印象底原状而存在的，是为新

的一种知觉表象。这个差异的地方，只有关系
于过去经验为主的一点。从来这个再生表象，
叫做观念，虽和知觉表象属于完全相异的种
类，这是便宜上的区别，不是心理的区别。

再生表象，分为二种：一为记忆表象，一
为想象表象。记忆表象，是再生表象和过去
某知觉，有一定关系，并伴有知觉再生底主
观意识者。从同一的语言所表出的表象，因
其意义不同，遂有记忆表象和想像表象底区
别。例如就"战争"而言，思过去底中日战
争，是为记忆表象；想未来的仇雠战争，是为
想像表象。前者和特定过去的知觉相关，后
者是以许多过去底知觉要素为其材料，用新
结合而表现，和过去的知觉毫无关系的。

知觉表象，大抵明白而强，性质充实；再
生表象不明而弱，性质模糊。例如被表象底
太阳，起初极弱，从表象而得的友人的面，

第三章 表 象

漠然不清。

现在一般教育者，对于儿童底表象特征和其发达，大加研究，施以调查，最初只有于新入学儿童中施行之，现在入学以前，学校时代，卒业以后的儿童，均包括在内而研究之。兹从许多研究者所发见[1]的事实，概括于下。

（1）初年生底表象，甚属贫弱。

（2）儿童底观察，既无计划，又不精密，而不知细密的分析。

（3）自己不明的部分，空想的或自发的补充之。

（4）构成最初表象界底最有力者，为家庭底状态，所以完成幼稚园和小学校底设备，为教育底第一手段。基于境遇底整理的教育

---

[1] 即"发现"。——编者注

主义，从这一点而定的。

（5）儿童显著的倾向，在于处理未知的事物时，每据既知的类推，或使用不当的代理表象，所以教师当从新教授时，无联络既知事实的必要，反应该极力把新事物底特性和区别，直截明白表示之。

从上面看来，使用儿童为自由教材时，须要慎重的注意。因为童话里面，含有儿童尚未经验的事项，所以彼等不得不从没有精密的表象以补充之。如惯于这理解时，儿童底知觉，倾于主观，虽当认识客观的事物时，也加以内的要素，所以我们不得不预防这个弊病。不过，他方也当注意于想像作用，这个作用上的锻炼所不可缺者，为历史和童话，所以教育上正当的处置，实当给与儿童以适合想像作用底涵养的材料，并订正其输入空想精神底认识，而加以直观的教授。

心的要素底相关结合

第四章　心的要素底相关结合

第一节　保持和再生

一度经验后，虽好像已经消失的样子，但是已成为表象保持（Retention）于意识阈下，一遇机缘，即能再上于意识，这就叫做再生（Recall/Reproduction）。这个感觉上所残留，其中残像底现象，将为发生知觉表象底兴奋底痕迹，而这现象，并不是现实经验，即所谓"影"就是。所以一切经验，失去刺戟后，尚有潜在的倾向而残留，或遇机缘，即是和有密切关系的感觉、知觉、感情相会时，再行发现。

被保持的时候，也是某方底心的要素和他方底心的要素相关结合为一个心的复合体（记忆表象）而残留。就是再现于意识时，也是以一方底心的要素为机缘和他方底心的要素相关结合而生一个心的复合体（再生表象）。总之，无论什么时候，被完成而统一者，常为带着一个新的全体表象（Total Idea, Aggregative Idea）。

把心的历程底中心势力底注意作用为基础，以见其心的要素底相关结合的形式，那末可以从以下两方面着想：(1) 从所动注意自然地结合时；(2) 从能动注意有意的结合时，前者叫做联合（受动的结合，Associative Combination），后者叫做统觉（能动的结合，Apperceptive Combination）。

第二节　联合的结合

一个心的要素和其他的心的要素受动地相关结合底联合作用，从时间的关系上看起来，有下列二种分别。其一同时相关结合的，其二时间底经过中所结合成立的。前面的叫做同时联合（Simultaneous Association），后者叫做继起联合（Successive Association）。这二者，当然不是全然别种底性质，不过，一个联合是起于同时的，一个起于时间流之中的，只有这一点差异罢了。

一、同时联合

同时联合，从其结合底要素及强弱度，得分为融合、类化、混化三种。

（一）融合

心的要素融合而为一体，欲把其构成要

素，一一分离而经验之，为绝对不可能的，这是常结合着而成一个统一的表象的，成立这种表象底同时联合，叫做融合（Fusion）。例如基音和上部音融合而成一种音；视觉和触觉或运动感觉融合而为空间知觉表象；又听觉和紧张弛缓之感觉或触觉相结合而为时间知觉表象，都是。

（二）类化

如说明知觉的样子，一个心的要素和其他心的要素统一同化于同一事物底同时联合，叫做类化（Assimilation）。所以类化常常有类化底要素和被类化底要素底分别。例如我们走进点着赤色电灯底房子，完全不见灰色，只见全部赤色者，这便是灰色依赤色而类化的缘故。

（三）混化

类化是同一感官范围内，同种类底心的

要素所结合底同时联合。至于完全异种类底
要素统一地结合底同时联合，那就叫做混化
（Complication）了。例如人底言语，以音声
表象为中心，和其他舌等底筋肉运动感觉及
文字底再生表象等统一地结合着底表示。又
如人之见白刃，不期然而然地毛骨悚然，这
是视力底视觉表象（主要素）和再生底触觉
表象（补充要素）混化而成的。

混化比类化的结合程度为弱，其构成要
素容易个别经验的。例如知觉苹果时，能分
其香、其味、其触而经验，也能有苹果的复
合体底表象。

二、继起联合

同时联合的类化及混化底历程，取其继起
的进行时，叫做继起联合。这继起联合，可
分为再认、认识、回想三种。

（一）再认

过去中所经验极不明了的印象，再表现时，这时认识其和过去的经验相同的一种认识作用，叫做再认（Recognition）。譬如非常熟识的家族或亲友等，在途中相会时，立刻认识其为谁，这不能算再认，是为同时的类化作用。但是这个印象非常不明了时，和一人相遇，即有"这人好像是已经见到过的样子底心地"，换一句话说，发生一种这人"无意地和自己相亲近的样子底心地"，这个"亲近底感情"（Feeling of Familiarity）为介，经过若干时后，遂和这人类化，而认识其为某某，这可算为再认。

（二）认识

和形状奇特而一次没有见过的沙发椅相遇时，颇难断定这是不是椅子。一时不能和其类化，受着种种障碍，经过若干时间后，即有一种认识感情（Feeling of Cognition）起来，认知这为椅子底一种，这就叫做认识（Cognition）。如若立即认知其为椅子者，这是类化，不是认识。

（三）回想

类化历程和混化历程交替的发生而取其时间的经过者，叫做回想历程（Memory Process）。曾经遇着过的人再遇时，往往有"这人好像在何处遇着过"底心境，这是再认。但是同时把曾经遇着这人底场所年月日，明明白白地记忆起来，这叫做回想历程。回想历程中，是伴着熟知底感情（Feeling of Rembering）。

第三节　统觉的结合

联合是意识的在于所动状态时心的内容

的相关结合底形式。但是人底意识，从古以来，即有能动地有意地心的内容的相关结合底形式，这叫做统觉的结合（Apperceptive Combination）。这个统觉结合，最初为预期的状态，伴着活动感情，为其特征。一般以能动注意明了地统一的认识事物，叫做统觉（Apperception）。这个结果所成的心底复合体，叫做统觉表象。统觉表象和单一的知觉表象相异，极其明了，而为一种完全统一底表象。所以一般地讲起来，学习作用，即是统觉作用。

儿童底统觉，大概随表象界底扩张而渐次丰富，其进步底程序，按次而行，但是和成人稍异，其活动底方向且随其年龄底不同，而统觉底方法亦异，这就所谓统觉底规范，或观察底规范。所以教育者，应时时留意儿童固有的规范而指导其观察，切不可以自己的观察而强制彼等。观察底规范有五种，表现于一定期间，今特分述如下。

（一）个物期

7岁以下儿童，只能观察比较孤立的物和人，或实非孤立的物。观察时把全体分离而统觉之，这时期叫做个物期。

（二）活动期

至8岁时儿童大拂其注意于人物底活动，或事物底作用，且选择其活动和活动底物而观察之，这时期约为一年，叫做活动期。

（三）关系期

儿童1到12岁，即留意于事物底时间、空间及因果底关系，想把观察物总括而观察之，叫做关系期。

（四）性质期

到 13 岁时，分析事物底性质而觉察之，叫做性质期。

（五）情趣期

一到青年期，新兴的感情，汹涌如潮，因之观察事物，含有情趣，这叫做情趣期。

这种统觉规范所现的时期和顺序，大体是一定的，就是加以练习，也是不容易变更的，所以实际教授上，不得不慎重注意到这一点。

Chapter
第五章

05

记　忆

第五章 记 忆 ‖

第一节　记忆底意义和解释

如前面所讲，一度经验后保持于意识阈下，遇着某种机缘，从其联合，或统觉底活动，再成立一种现于意识的新的知觉表象时，认识这个再生表象曾经于过去时所经验着的一种作用，叫做记忆（Memory）。所以记忆不过下列四个历程底总称。

（1）记忆是收得一定的印象的历程（学习）。

（2）把一印象保持一定的时间的历程。

（3）把保持的印象从一定的法则而再生

的历程。

（4）把再生的表象使其关系于过去经验的历程（再认）。

又照广义讲，保持和再生底两历程，也可以当作记忆的，这是以屡次经验所反复的结果，不伴着再认而解的。总之，记忆作用，以如前章所讲的保持、再生、再认为主要的过程的，所以伴着于这种历程底特征，即皆为记忆作用底特征。

（1）从保持印象而再生的方法上着想，可分为:（A）不管其内容如何，把印象反复练习、保持而且再生的机械记忆;（B）特别把其内容间或既有之知识间加以论理的关系而记忆的论理的记忆。论理的记忆叫做一种人工的记忆，这是互和没有连络的观念间加以人为的一种关系的记忆。

（2）从保持印象而到再生的时间的大小，分为直接记忆和间接记忆两种。直接记忆，从保持印象而到再生所经过时间极短。例如文章读了，立刻使其默写的时候，就是这个例子。这种记忆，日常生活及教育底实际上，为极其重要的效用。反一方面讲，间接记忆，是把印象保持后经过较长的时间而再生的命名。

（3）莫依曼（Meumann）实验底结果，从内容上讲来，记忆可分为下列的四种。

第一，感官的知觉记忆。其中包含视、听、味、嗅、触、温度和运动感觉等底记忆，空间的和时间的关系底记忆，其他一切外界事物底记忆。

第二，关于记号、名、数和抽象语的意义底记忆。

第三，从观念底活动而产出的记忆。

第四，感情和情绪状态底记忆。

第二节 记忆底发达

关于年龄和记忆力发达的关系，从来教育学或心理学上所引用者，为奥国维也纳大学教授林特纳耳底记忆底发达线。依据这线，可知初生孩儿，全无记忆力，从此以后，即急遽增加其记忆，1 到 3 岁、4 岁时，遂达其极度。1 至 25 岁，渐渐衰退，其后竟失其能力。35 岁时，减少其最盛时底 1/2，七八十岁老年人，那末大减其力了。

据莫依曼研究底结果，知道直接记忆底发达，约至 13 岁时，虽甚缓慢，却到 12 岁至 16 岁底中间，记忆大为进步，于继续其学

习的学生中，直接记忆底最优时，是在 22 岁
至 25 岁中。不过，记忆底研究中，于教授
学上最重要者，为间接记忆或狭义的记忆底
发达。于儿童间接记忆底发达上，所可注意
者，为学习能力底发达和保持力底发达底显
然的区别。幼时学习能力，比较成年虽甚微
弱，和其年龄共同逐渐发达。反之，讲保持力，
却幼时强盛，随年龄底增加，次第衰弱，所
以成人比较儿童学习力甚大，而保持力仅少。
成人中学习能力最良期，是在 20 岁至 25 岁
的中间，从此以后，学习力和保持力底正确度，
渐渐减少。

第三节 遗 忘

一次成立于意识底表象，相应于时间底
经过，变化其内容，或破坏其表象底结合。
这样地破坏已经成立底表象内容底相关结合，

叫做遗忘（Forgetting）。

结合底分裂度较甚者，叫做全部遗忘；一部分破坏者，叫做一部分遗忘。

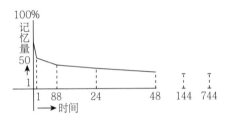

第 8 图　Ebinghaus 底遗忘线

遗忘是学习后立刻发生，其遗忘度，最初数时间，比较的大，其后比较的小。从爱宾好诗（Ebinghaus）底实验结果来看，学习后一时间底 1/3 时遗忘四成以上，一时间五成以上，24 时间七成以上，其后遗忘底成分渐少，虽经过 31 日（744 时间）总不超过八成。这是对于无意义的材料的实验。如在有意义的时候，遗忘度，要减少不少。24 时间后，也不过五成。不过其遗忘的途径，却是同一的形式而进行的。我们如要减少遗忘度：第一，须在学习后，间隔一定时间，反复练习；第二，学习后不可立即从事于其他作业，加以数分间底休息，最为得宜。

Chapter
第六章

06

想　像

第六章　想　像 ‖

第一节　想像底意义

想像作用（Imagination）是把感觉、感情表象等具体的心底内容所成立的漠然的全体表象，分析起来，从其中选择一定的要素，再把这种要素综合起来构成一种新体系的心底复合体底作用就是。想像底结果所生的心底复合体，叫做想像表象。想像和记忆，同为过去的经验，都是从联想底作用而使它再现的。两者底本质，并无差异，普通以这二者为对立的，因记忆关系于从前的经验，而想像不是的，想像是关系于未来、未知或架空的事物。

想像作用，于儿童生活上，有非常重要的任务。这个作用，一方为儿童幸福底泉源，他方伴有种种的危险，想像是把知觉、统觉等受纳的材料，变为直观的表象，更把这为真正知识底最初活动。就是想像是分解其给与的表象，作为自己所有的新结合底复杂的自己活动，而为精神独立底第一步。儿童直觉其精神独立底意识者，不在知觉，不在统觉，也不在记忆联想，实在于经营想像生活的时候。在这瞬息时，他不支配于外界，把从外界所得者，根据自己意志，任意分解结合为新的事物。在想像底世界内，有求必应，人生底黄金生活，实可从此发见。

第二节　想像底病态

想像底不合理者，叫做妄想，妄想多起于患精神病者。妄想有种种，大别之为抑郁性和发扬性二种。属于前者，有犯罪妄想、贫困妄想、虚无妄想（无自身无我无世界）、嫉妒妄想（妻不真实）、凭依妄想（凭借神灵狐仙等）、注视妄想（自己底面被四方所注视）、虚恐性妄想（小病的人感觉自身为不治的重症）等类。

发扬性底妄想，以自己为中心，抱负事实以上的夸大想象者。例如患麻痹病者，常以为自己体力能敌千万人；挟有百万财产者，自以为声誉振动天下，等等。我们所希望者，在想像上加以一定的思考作用而合理化，再附以超越现实的完全圆满的性状底一种理想。

07

思　考

第七章　思　考 ‖

分析全体表象底内容，认知其内容相互的一致和差别，以定种种论理的关系底活动，叫做思考作用。专门研究思考者，是为论理学底责任。读者更欲深一层的研究，请参照本丛书《论理学 ABC》，可以知其大概了。

第四编

情的现象

Chapter

第一章

01

简单感情

第一章　简单感情

第一节　感情底本质

前面所讲，人底意识内容，有二方面，一是意识内容客观的方面，即是知底作用；一是意识内容主观的方面，即是感情（Feeling）。感情是对于外界或内界的刺戟底主观的反应。例如见花而感其美，是从外界刺戟所引起的感情；而追想亡人以动敬慕的感情者，是从内界刺戟（即记忆表象底生起）所唤出的感情。感觉和表象，是代表外物的，而感情是主观状态底反映，所以各人对于同一物底感觉和表象，虽约略相同，却是感情从于主观的状态，常常异样。如月底感觉，虽各人约略相同，而伴于月底感情，却有种种，这种感情，常和感觉表象相结合或附着而表现。我们经验于实际的快，非单独漂浮于意识中，常有其对象和内容始得感其为快。所以感情底质底一部，从诱起感情底对象而异，所以感情从其对象而区别的，其数极多。但是感情底性质，非单从对象底性质强度而决定，并从对象相互的关系而规定。又从其以前的感情和心境决定其一般的性质。残冬底景色，每易使人消沉，对于各物，都有灰色的感慨；但长闲的春日，那就觉到万物皆春。这都是先行感情底影响。表象是从刺戟底反复而渐次明白，不过与他结合的情感，却反薄弱，例如愉快的旋律，不绝于耳，这感兴就渐减，遂至完全失其兴味。

第二节　简单感情

和知的方面要素底感觉相结合，而使其

第一章　简单感情 ‖

统一地结合意识内容底主观的要素历程，叫做简单感情（Simple Feeling）。简单感情，因为是根本的心的要素，所以欲把它下定义，实在是不可能的。不过，对于其表出意识时的条件，把它举出来，以明其是什么东西，这都是可能的，我们日常所经验的感情，却是这个简单感情底复合体。

许多的心理学者，把感情底根本形式，只限快不快的一对性质。惟有冯德（Wundt）更加上了兴奋、沉静及紧张、弛缓底二对性质，这所谓感情底三方向说，例如见赤和青的时候，如若这二色底光度，适度的时候，两方底颜色都给予快感。但是在这个时候，除快感以外，又有赤色能给浮动的心境于人心，青色能给沉着的心境于人心的，前者为兴奋的感情，后者为沉着的感情。又如对于某事物有一种期待时，心境觉得紧张，完了以后，觉得感情弛缓。以上所讲的快、不快、兴奋、沉静、紧张、弛缓底感情，有互相密切的关系的，能够用一种统一的图来表示的。

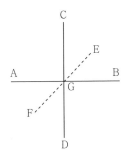

第9图　感情底三方向

A.快；B.不快；C.兴奋；D.沉静；

E.紧张；F.弛缓

现在把上面所讲三种关系，用图来表示，快和不快为互相反对底感情，所以一直线上用 A、B 记号排列起来，位于两极，其中间 G 为无感情状态。例如嗅芳香时生快底感情，但是香底强度显著时，就失掉快底情感而移于 G 点；更增加香底强度，成为不快而移于 B。同样兴奋，沉静底系统以 C、D 表示，紧张弛缓底系统以 E、F 来表示。E、G、F 在纸面上成垂直线的，所以要表示其突起于纸面之上的，非用虚线不可。因此，这种快不快、紧张弛缓、兴奋沉静底三对感情底方向，都是完全占着不同的平面。

这种三方面，在 G 点上连络，所以形成一个统一的系统。对于某刺戟而统觉反应时，用其一方向之一者有之，用多数者有之，例如幽芳之香，明白地嗅到时，那末统觉以快、兴奋和紧张底三感情而反应可知。这样说来，感情有统一性者，是基于意识底统一性的，因此，统觉底统一性，也不得不基于意识底统一性了。照这意义而论，统觉不仅是知的现象，可以当做意识全体底统一力看的。

冯德底感情三方向说，虽基于多年实验的研究底结果，却是还没有一般地承认。不过，说明日常经验的感情，颇为便利。

第三节　简单感情底表出

感情发生，那末相应于感情也起生理的变化。伴于感情底生理的变化，现于身体底外部者，叫做感情底表出。随着感情所生的身体的变化，人人都能知道的，如从优伶底表情、绘画、雕刻、照相等推知人物底主观状态者，因有身体变化底缘故。

关于感情底各性质和身体变化，不明了的地方，虽尚甚多，但是大概可以知道。生快感时，颜面爽快，眼光辉煌，呼吸速而弱，脉搏强而迟，而筋肉增其紧张。不快底时候，多与此相反。起兴奋时，血脉增，脉搏强，筋肉紧张，呼吸强速。静寂时，与这相反。紧张者呼吸迟而平坦,甚至有一时停止者,弛缓者反之。这个各性质底关系，可以图表示如下。

Chapter
第二章

02

复合感情

第二章　复合感情 ‖

第一节　复合感情底意义

如表象的从许多感觉底要素而成立的一样，把质和强度相异的许多的简单感情，同时用融化类化而结合于统一，于是一种新的复杂感情遂行成立，这就叫做复合感情（Composite Feeling）。

复合感情底结合，不仅仅是要素底集合，乃为统一的结合，这个统一，从意识底本质而来，叫做感情状态底统一（Unity of the Affective State）。多数底简单感情要素相融合时，各要素的集合的结果，是有一种带着新性质的全体的统一，所以这叫做全体感情

（Total Feeling）。其构成要素的个个的简单感情，叫做部分感情（Partial Feeling）。

例如对风琴而言，我们在这 35i 三音同时共鸣时所起的"35i"底统一的感情，是为全体感情。其要素"3""5""i"等底各感情，是第一次部分感情；"35""5i"及"3i"等各感情，是第二次部分感情，所以部分感情，有几多等次的。

又如我们观一种塑像时，全体形相，无论如何是统一的，从这种全体底调和所生的美感，是为全体感情。但是另有从颜面、胸部、胴部、四肢、衣裳等来的个个的部分感情。只看衣裳时，那末有曲线的视觉的快感，运动感觉的快感和柔软触觉底快感，这种部分感情，互有等次而影响于全体感情。不过，全体感情，不是部分感情的单纯的总和。或者有时见塑像底部分和全部不相称的，这部

分感情，虽不调和，其完成的全体感情，却
非常调和。这是全体感情，带着特质而增加
其价值，叫做感情价值底增加。比如衣服已
完成全体底尚未完成一部分看起来，有不同
之感，就是这个原理。

第二节　复合感情底种类

复合感情，有单纯的结合，有复杂的结合。
前者叫做一般感情，后者叫做初等美的感情
（表象感情）。

一、一般感情

从皮肤觉、味觉、嗅觉、一般感觉等来的
感情融合的结果所生的单纯的复合感情，叫
做一般感情（普通感情，General Feeling）。
例如身体有不舒服时，不知不觉地生出一种
不快的心境。健康的时候，却是活泼地有一

种爽快的胸襟，通常所称心境胸襟，是为一般感情。一般感情，并不含有第二次、第三次底部分感情，所以个个底要素感情，不能十分明了分析的。

二、初等美的感情

伴着于视觉和听觉等底复合感情，其结合底形式极为复杂。伴着于从这种视觉、听觉等来的表象底复合感情，通常因其起美的快感及美的不快感底缘故，所以叫做初等美的感情（Elementary Aesthetic Feeling）。原来叫做美的感情者，非常复杂的。这种感情为要素的美感，所以对于高等美的情操，特叫做初等美的感情。

第三节　初等美的感情底种类

初等美的感情，又分为调和感情和比例

第二章 复合感情 ‖

感情。

一、调和感情

调和感情，是起于音和色底调和的感情。

（一）音底调和

二种以上的调音同时出发，倘感觉各调音融和而为一调音时，这叫做调和音。调和音常起沉着、静止、安定、平和等感。反之，叫做不调和音，给以动摇、运动、不安等感。过于调和完全，反觉单调，减低美感，所以在艺术方面讲，应当少加以不调和音，从对比而高其感情。

（二）色底调和

色彩底调和上相类似者，觉得不快；不相同者，易起快感。所以补色或近于补色者，

快感最强。图画图案上所用颜色底配合，常
为赤和青，赤和绿，至于赤和黄或桔梗底颜色，
常使人起不快的美感。

二、比例感情

比例感情是从空间（形体）或时间（旋
律）底长短比例关系而生的美的感情，这又
可分为二种。

（一）形体感情

对于形体而生的美的感情，依其客观的
条件，可分为三种。

（1）形体底分割。就简单的形状而言，
大抵喜正常规则为多。规则分划底最单纯者，
叫做对称（Symmetry，1:1）。那末对称底形
状，其区分愈多，美感愈增。至加纹于对称时，
即成优美，如美术工艺常采用的蝶形，是其

一例。此外有一种长方形底黄金分割（Golden
Section），其小边和大边底比，近于 1 对于
1.6。二边有这样底比率，最能起我们底快感，
如明信片，西装书籍底形状，适合人底心理者，
因其二边底比，近于黄金分割的缘故。

（2）轮廓线底进行。除水平垂直的方向
外，眼球自然的进路，呈曲线的状态。所以
对于物体轮廓底弯曲者，易于起视线底进行
而生快感。神社寺院底建筑，有一种魅人底
力量者，因其建筑法，多能巧用曲线。其他
雕刻、自然物、舞蹈等底美式，应用曲线底
巧妙也甚多。

（3）类形底反复。类似形底反复，能起
一种美感，比如人体，下肢反复于上肢，腹
部反复于胸部，其他建筑底美，草木底美，
这都是一个条件。应用于建筑上者,是五重塔。

（二）律动感情

这个感情，是从时间长短底比例关系而来的现象，把几个音底系列，隔着规则极正底时间而进行时，二音相合而成强弱长短底统一关系（拍子）者，是有一种美的快感。这个感情，除快和不快外，还含着兴奋或沉静底感情的。例如弱音以后来强音，那末起兴奋底情调；强音以后来弱者，那末起沉静的感情。

Chapter
第三章

情 绪

第三章　情　绪 ‖

第一节　情绪底意义

简单感情，同时融合类化，即成为复合感情。如把这种简单感情时间的连续继起，作成统一的结合，意识地现于强烈的感情，这叫做情绪（Emotion）。所以一切强烈的感情发现于心而为时间的进行时，即变化于情绪。情绪底特征，就是伴有身体底变化，有时且生起运动，所谓表出运动（Expressive Movements）就是。

情绪底变化，影响于表象的；表象底变动，也关系于情绪的。就是某情绪促成表象底进行；某情绪抑制其进行的。例如愉快时候，思考层出不穷地起来；反之，愤怒、惊恐时候，虽要说话，也是说不出了。又如遇着友人死亡时候，最生悲悯，对于其生前的事情，一一回忆起来，因此感情愈加增高，这是个个人都所经验过的。

第二节　情绪底种类

情绪最早发现，且对于自己保存最重要者，为恐怖和愤怒。

（1）恐怖是对于危害"自己保存"底刺戟所起的消极的情绪，畏缩其身体，残害其生活机能。幼稚园和初等一二年底儿童，最怕者为幽灵猛兽；三年级至高等一年级，恐水火底天灾；一到中学时代，这种恐怖，渐次减少，不过怕人间和智力罢了。这种恐怖，随知识底进步，从空虚而为实物的；入于青年期，那末其恐怖作用，从根本而一新，将为理性的抽象的。

（2）愤怒是对于危害"自己保存"底刺载所起底积极的情绪，昂进其生活机能，扩张其身体能力，而为攻击的态度。幼时底愤怒，虽为本能的盲目的，随着知识的增加，渐成为理性的。10岁以前，虽少愤怒底性底分化，1至10岁以后，对于愤怒底处置，而有男女底差异。男儿毫无抑制，勇于愤怒底表现。女子却相反，尽力地抑制，或独隐幽处以泄其愤愤之情，或竭力消遣，使其遗忘者有之。

（3）社会生活上最必须的情绪，是为同情。幼时底同情，对于他人苦乐表情底共鸣而生，所谓有机的同情就是。例如见人底泣而泣，见动物底将死，感受一种不能言语的苦痛。此情此景，为高等同情底核，从知识经验底增加，遂进于理性底同情。有机的同情，起于 1 岁至 12 岁之间，最强者，在 3、4、5、6 底 4 年间。

Chapter
第四章

04

情　操

第四章　情　操 ‖

　　伴着于高尚的知底活动而起的复杂的统一的感情，叫做情操（Sentiment）。情绪是从所动注意联合地把那简单感情相合的复合感情。情操是相反的，从能动注意统觉地把简单感情结合着的，但是情操和情绪，有时不可以皎然分别，因情绪底强度稍薄弱，而呈永续状态的时候，即近于情操；而情操底强度倘急激增加，那末复移入于情绪。

　　情操从其内容可分为下列四种。

一、论理的情操

　　论理的情操，为和统觉思考作用等相伴

而生的情操。如遇解决困难问题时，觉有弛缓的情感；遇生疑问或矛盾的时候，觉有不快不满的感情，这都是简单的论理的情操底一种。这种情操，屡能刺戟我们的研究心，而为探求知识的先驱。

二、道德的情操

对于自他的行为或思想，根据道德标准下价值判断时所生的感情，这叫做道德的情操。这种情操，即是是非褒贬底感情。道德判断底发达，须预从生活上的经验，道德上的标准和思考作用底发达而定。要研究道德标准底发达顺序，须就儿童底理想以调查之；要推定儿童理想发展底顺序，那末，须就儿童底理想以为问答，统计整理之。

三、宗教的情操

人类有种种的恐怖心，自己力量却不能除

去这恐怖；人类有种种奢望心，自己力量却不能满足这奢望，于是发生乞灵于超人底念头，宗教的情操，遂从此而来。至于儿童底宗教情操，实因耳濡目染成人底宗教生活而生。平时见其父母姊妹，跽于神物面前，静心祈祷，于是儿童也随着模仿，积渐累微，宗教底情操就不期然而然发生了。儿童宗教意识发达底主因，因为恐怖、不安、寂寥、疾病、死灭底念头动于中，稍长，复为读书、思维、人格等感于外的缘故。

四、美的情操

于音乐、诗歌、绘图、雕刻、建筑、演剧等自然玩赏时候所起的感情，叫做美的情操。美的情操，都以初等美的感情为基，其内容纯粹是美的观念，完全立于利害关系以外的美底快感。如从其美的价值底判断对象上而言，可分为壮美、哀悲美、滑稽美等等。

美的情感为玉成人格底要件，所以教育者不可不于幼时注意之。今日教育上所用的美的陶冶，不过音乐、游戏、绘画、手艺等数种。对于自然底美，还没有广为利用，善为启迪。要晓得我们心中最高善的要素，以对于自然的爱为多。现在苟能研究儿童对于自然的感想，而善为指导，这可知道，其有利于教育，必定是非浅鲜的。

Chapter
第五章

05

气　质

第五章　气　质 ‖

人从有生以来，即有种种本质，随着经验而发达。知的本质，叫做才能；意的本质，叫做性格；情的性质，叫做气质（Temperament）。气质就是为人所有先天感情底特殊倾向所呼的一般的名称，例如有常常容易起愉快情绪之人，有容易倾向于悲哀感情之人，也有容易发怒之人，就是这个特殊倾向底缘故。

冯德说气质从外来刺戟底不同，而情绪底反应也随之而异。其反应强且速者，叫做胆汁质；迟且弱者，叫做粘液质。反应强而迟者，叫做神经质；弱而速者，叫做多血质。

胆汁质因情绪底反应速，所以其心易为外物所动，因具这种性质者，必乏静思熟虑底工夫，而多量狭心烦之患。具粘液质底人，不易为眼前的刺戟所动，对于事物，富有思虑，先谋而后行。具多血质者，阳气旺盛，所以对于事物轻快而淡泊。神经质是阴气过盛，遇事多生悲感，惟轻者颇富于思虑，适于体察事物底真义。幼儿多倾于多血，青年为胆汁质，而成人却近于粘液质。

从这种气质底差异，或发现乐天观，或发现哀世观。四种气质不但各有短长，虽有教育，要根本底改造，也是不可能的。但是注意其缺点，加以修养，大有改善的可能。

第五编

意的现象

01

意志底本质

第一章　意志底本质 ‖

　　为要达到一定的目的所发动的意识活动，叫做意志过程（Will Process）。向来说意志和知情是鼎足而立的，都是一种精神能力。不过从我们的直接经验观察起来，意志底本质，实感情流动而和表象相结合的。例如犬饥而咬肉块，这是意志作用，很明白的。现在再分析其过程，最初犬因为饥饿而生不快的感情，继为情所驱而动念，这时适见前有肉块，于是食物底念和快感底情，忽然涌起，两者相融而动机成，因之咬肉块底运动表象和运动努力相伴以生，而咬肉底外部活动遂起。

　　这样说来，意志历程，初生于感情，继

167

与表象相结合，实在是一种流动的意识历程。意志历程中含有的表象，表示意志动作底目的和方法的，感情是促进动作底弹机（Spring），含有这二者就叫做意志过程底动机（Motive）。冯德底定义是"意志底动机是表象和感情两要素底浑然的融合"。知的要素，叫做运动理由，情的要素，叫做冲动弹机。所以动作底直接原因为感情，表象不过其间接原因，意志中以感情为重。

Chapter
第二章

02

冲动和本能

第二章 冲动和本能 ‖

人底身体运动并不是从完全动机而生的，从不完全动机而生的也有。一种反射运动（Reflex Movement）和生来具有的自动运动（Automatic Movement），就是属于这一类的。这都叫做无意运动。至于对于意志历程，从动底数目上而言，可分为二类：从一个动机立刻起运动者，叫做单纯意志动作，或冲动动作；从多数动机底选择而生的意志历程，叫做复杂意志动作。

一、冲动

饥饿的时候，见到食物，没有不想攫取的，

又如小孩见到别人底动作，努力地要想模仿。这种都是没有明了的目的表象，也没有可否的判断，只不过从一种单纯的动机，立即求得快乐避去不快一种动作，这个动作，叫做冲动动作（Impulsive）。从发生上看起来，冲动动作为意志原始的形式，复杂意志发达底基础。所以动物或小孩最多的行动是冲动动作。

二、本能

没有明了目的表象，也没有何种学习，以营适合于生存目的底冲动动作的先天能力，叫做本能（Instinct）。基于这本能底运动，叫做本能动作（Instinctive Act）。冲动动作和本能动作，心理的观察，形式完全相同的，所以这二语常相混同。但是严密地讲起来，本能动作，为刺戟和动作底结合，定于先天的，冲动以动作为主，是指后天的结合的。

第二章　冲动和本能 ‖

人底本能，从其目的上区分起来，有个体本能、种族本能、社交本能和适应本能四种。

（一）个体本能

各本能中，占有最强的势者，为个体本能。这种本能，从要求个体生活以生，而现于食物摄收底冲动及防护冲动的时候。恐怖、争斗底运动，即为这冲动底具体发现。如动物营巢为防护本能，至其护儿为种族保存底本能了。

（二）种族本能

种族本能，为保存种族底目的而行的复杂运动。如鸟筑巢孵卵，或应节候变异而转居，都属这个本能。至于性底冲动、亲底冲动诸动作，为种族本能底实现。

（三）社会本能

社会本能，从社会生活底必要及其结果而

生。同类群居性及同居时所发生的同情、羞耻、尽职等，都是这个本能底实现。至于道德底冲动是和这社会本能相关联而发的。

（四）适应本能

以发达身心为目的，而基于先天的倾向以行者，叫做适应本能或发达本能。适应本能底主要者，为模仿、游戏、好奇心等，这种本能为心身发达的基础本能，教育上最有关系。

（1）模仿。从刺戟而得的印象，照样反复，叫做模仿（Imitation）。例如见人跳舞，效其同样的动作；闻人歌声，学其同样的调子，都可算作例子。儿童模仿的潜势力非常之大。儿童是无善恶的标准的，一切模仿人家动作，举凡言语举止，风俗礼教，多半从模仿得来的。

第二章　冲动和本能

照甘尔巴曲力克（Kirkpatrick），儿童底模仿，可分为五种：①反射的（Reflex Imitation）。这种模仿并不自主。例如看见别人哭泣，自己也哭泣；看见别人笑，自己也笑；因别人打呵欠，自己也打呵欠。反射的模仿，在婴儿的时期最为发达。②自发的（Spontaneous Imitation）。这种模仿与反射的相类似。所不同的，此种模仿尚有意识的作用。不过模仿的动机就为模仿，并无其他目的。例如儿童模仿僧侣诵经和猫犬底动作。大凡儿童到了二岁，这种模仿的能力，已很强盛。③戏剧的（Dramatic Imitation）。由自然的模仿再进一步，则为戏剧的。这种模仿大约从三四岁时候开始，那时儿童已有些须经验，想象力也正在发达，所以能把四围的情形，缩小形式，实地表现出来。④有意的（Voluntary Imitation）。上边所说的三种模仿并无一定目的。到了此刻，儿童底模仿有一种主旨。例如从前看见他人描画，不过以游戏的形式来模仿，现在却怀抱一个目的描画了。有意的模仿，在二三岁时候已有端绪可寻。小儿的学语就是一个例子。⑤理想的（Idealistic Imitation）。起了有意的模仿，儿童就有"爱好"和"爱美"的观念，因此就发生一种理想的模仿——模仿他信仰的伴侣和爱敬的家长。以后便渐渐地知道模仿世上一切的人物了。

（2）游戏。游戏完全是自发的，且为活动以外无何种目的底愉快的自由活动。幼儿因为要生存，常想教育自己，改造环境。这种创造活动，大抵现于游戏之中，所以游戏于学习作用上，为重要的一要件。

游戏对于年龄底影响很大，所以一时期有一时期的游戏。依照华特尔（Waddle），儿童的游戏可分为下列几个时期。

第二章 冲动和本能

①幼稚期（初生后至3岁）。这时期的游戏，完全属于感觉与运动方面的体验。他随时随地要操练他的视觉、听觉、嗅觉、味觉、触觉和其他感官。拿到小的东西，就要放进口里去吃，碰着大的物件，就要推推摇摇。他在这时候，很爱听声音。所以各种会响的玩物，如摇冬❶鼓、口笛之类，很可供他玩弄。

②儿童初期（4岁至7岁）。这时期的游戏和上期相仿佛，纯系天真烂漫的性质，惟想象与模仿能力渐形活动，好游伴的倾向也逐渐显著。三五儿童，常喜聚在一起，做各种模仿的游戏，骑了一根棒，就当作乘马；抬了一只橙子，就当作花轿，类似戏曲的游戏，也在这个时候发展。对于这时期的儿童，应注意环境的良善，使之潜移默化。身心方面，俱有正当的享用。

---

❶ 同"咚"。——编者注

③儿童末期（8岁至12岁）。儿童到了这个时期，身心更形发达。所有的游戏，比较从前的为复杂难能，如放风筝、踢毽子、拍皮球等。从这些游戏里边，儿童可以强健他的筋骨，练习他的技能，活泼他的精神，增进他的意志。有兴趣的、有规则的团体游戏，在这个时期，很可以引进。

④青春期（13岁至16岁）。儿童在这个时期，心身方面的变化很大。社会心和团体的精神也因之而发达；各种竞技成为主要的游戏；服从团体和领袖的精神，也为这时期的特色。

（3）好奇心。好奇心是为遇着新颖的事物、奇特的事物，欲知其底蕴之先天的倾向。从这本能，对于周围直接生存上所不必要的事物也尽力地追究其原委，扩大其经验，这是人底探求知识的根底。

第二章 冲动和本能 ‖

好奇心底强弱，各个人不同。有人以为好奇与智力的关系很大，这句话是否可靠，尚难决定。不过好奇与年龄确有密切关系。依照甘尔巴曲力克（Kirkpatrick），儿童好奇心的发展，有一定程序。儿童初生的时候，只知经历新的感觉，并注意感觉的关系。如看见肥皂也想放进口里边去吃，待咬了一口以后，便不再尝试了。生后一二岁能讲话了，他就要问各种东西的名词："这是什么？""那是什么？"你回答了他一个名词，他就觉得满足不再问了。到年岁渐大，各种事物的名词，差不多已熟悉，他的问题便再进一步："这个做什么用的？""怎样做的？""为什么做这个？"这样寻根究底的问，最易使人不耐烦，因此儿童常受到成人的责备，说"小孩子不要多问"。

Chapter
第三章

03

复杂意志动作

第三章　复杂意志动作 ‖

第一节　有意动作和选择动作

人底意识逐渐发达，种种表象随之成立，心底内容也趋复杂。这种复杂的心底内容，融合为一而成动作底动机，如若没有目的底分化，虽融合为一仍是一个冲动动作。但是目的表象在二个以上时，同时几个动机占领意识，要互相实现其相异的动作的样子，这叫做复杂意志动作。如把其程度底差异而言，可分为有意动作（Volitional Act）和选择动作（Choice Act）。

一、有意动作

二个以上的动机，明白地存在于意识，而

且其中一个据着优势，占领识野底中心，其他的动机均被抑制而发动，这叫做有意意志，其动作叫做有意动作。

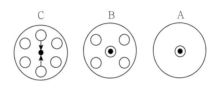

第 10 图　意志模式图

A.冲动意志；B.有意意志；C.选择意志

大圆表示识野；小圆表示动机；点表示意识底焦点

二、选择动作

选择意志或选择动作底过程，可分析如下：①有数种均等势力底动机，互相竞争，伴着不安的情感。②为除去不安，欲求得意识底安静，选择何种底动机，深思熟虑。③选择其中最适当者决定之。这是伴着决定感情的。这种决定，不立即现于动作而保持着的意识状态，叫做决心。④决定感情生后，意识加强，那末变转于活动感情，突然停止情绪之流（这个活动感情，是从紧张感情和兴奋感情而成的努力的心境。经过意志历程而存在的意志特有者）。所谓不安感情，以紧张感情为主，和决定感情共相弛缓，须臾之间，即为兴奋感情。⑤被活动感情迫促后，动机即动其筋肉，成为动作而表出。这样动作达其目的时，成为满足底感情，反之，即为不满足底感情。

把以上的决定感情和活动感情为基础，各人自己要选择一种动机之感，从心理学上看来，就所谓意志自由之感。

动机底目的表象，伴着不满足感情底意识状态，叫做欲望。

意志动作为达一定的目的，常现于外而

为身体的活动。但是有的时候，身体的活动并不表现于外部，这叫做内部意志动作（Internal Volitional Act），与此相对伴着身体动作者，叫做外部意志动作（External Volitional Act）。

第二节　意志底发达

冲动动作，为意志历程中的原始形式，人底意志把这为基础，加以许多的表象和感情所发达而成的。冲动虽支配于眼前欲望底行动，但是有意动作或欲望，是为行为底目的，把其他各表象独断地抑压而行动者。选择动作是从许多的动机中，把某动机依照理智合理的选择决定的，所以并不支配于眼前的欲望的。这样意志底历程，从冲动动作经过有意动作而进于选择动作，叫做意志进化的发达。

第三章　复杂意志动作 ‖

　　反过来讲，起初用思虑而合理的选择动机，渐渐努力地抑制其他动机而行动，这种动作屡屡反复，其所选择的动机常为优势的动机，得退化于不加努力而行动的有意动作，更进一步，遂为冲动动作，差不多在无意识的机械的样子。这种动作，普通叫做习惯（Habit），或第二次自动运动（生得的自动运动叫做第一次自动运动）。以上所说样子的历程叫做意志底退化的发达。这种本能和反射运动，可以叫做人类进化底历程中的退化运动。

　　学习作用上把联合地统觉地结合的心的要素，反复练习而习惯化，这是人底心力经济上最为紧要的。哲姆士（James）说："人是习惯之束。"这是说人底日常生活，大多数被习惯的动作所支配着的意义。

　　从习惯而确立意志底方向，成为第二的天

性，这叫做品性（Character）。人是从生到死，每日都能够形成品性的。教育上要养成善良的品性者，就是为这个道理。品性底确立，最有效力的时期，在 20 岁前后，所以在初等中等教育时代，最应当努力作成善良的品性。

第六编

学习和作业

学习历程

第一章　学习历程 ‖

第一节　学习历程底意义

学习（Learning）是意识内容底组织被有意地改造的历程。因为改造这组织，须要从外界来的印象和这客观的印象统一结合而作成新组识底主观的活动。至于主观活动在其根本上而言，为成立一切认识底心的活动。

在学习作用上，外的刺戟主要者是所动的，把这力为主而活动的学习，叫做"联合的学习"。但是改造一切能动的力和心的内容底组织的特殊计划，都是从内部出发的，这种从内部能动力为主而成的学习，叫做"统觉的学习"。从上面讲来，这二种历程，在实际的学习上，常和表里而共现，勉强地分别起来，前者是以直观、机械的记忆、所动想象等为主，后者是以统觉、论理的记忆、能动想象、思考作用等伴有意志的努力为主。学习作用的结果，构成意识底内容，常常是为带着新性质的表象或概念。这种表象或概念，为其所学习底要素。因此，意识内容，常被创造分化和扩大。

第二节　学习底基本历程

学习作用，是在先天的要素上，从经验而形成新的"心的组织"，所以不得不先从其基础的先天的要素上着想。这先天的主要的要素，为好奇本能、游戏本能、模仿本能。所谓学习者，是在这种基础上，从试行错误法（Trial and Error Method）及能动注意或统觉作用加以有意的努力，渐渐地把过去的经验，利用于意识的一种名称。

一、试行错误法

并无预定目的，用甲的手段不能达到整个的目的时，更用乙的手段，虽仍遭失败，继续地讨究种种其他的方法，而逢着偶然的成功了，这叫做试行错误法。这种方法，在动物或小儿多有得见到，是为体会技术、技能的基本。

二、有意的方法

用感觉运动圈的有意模仿，是在初步的学习时，一般学科上所通行的方法。其中以音乐、乐音、体操、习字等为主，都是用这种方法的。更进而研究从能动想象或思考作用，在一定的目的或计划之下，利用过去所得的知识而组织新智识的方法。

第三节　性能底个人的差异

在个人底性能的差异上，可分为下列三项讨论：（1）知能[1]底遗传；（2）个人差；（3）性的差异。

一、智能底遗传

学习上遗传要素底主要问题之一，是关于心底特性，尤其是关于智能底遗传。一般都承认知底能力，在某程度是有遗传的。就是人虽不能传知底内容，其知底本质，在某程度可以遗传于子孙的。

潘生（Person）把兄弟妹妹间底类似，统计地研究，发表其相关系数约近于 0.50，就是这个相关系数头发为 0.55，头盖为 0.49，身长为 0.50，眼色为 0.52。

---

[1] 当为"智能"。——编者注

斯带气（Starch）把兄弟姊妹底知能的类似度，统计地实验，知其相关系数约为 0.42。若以其值为 100，那末差不多完全是同一的。

哥达德（Goddard），研究某低能女所生的一男儿，成长后和通常知能的女子结婚，几代以后，两人底子孙，有 480 人：其中，143 人是精神薄弱者；102 人不明；36 人是私生子；3 人是犯罪者；33 人是私娼；24 人是中酒精毒者；3 人是癫痫者；82 人是天死者；8 人是从事于下贱职业者；正常者不过 46 人。

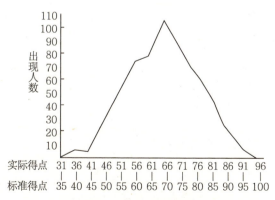

第 11 图 学科成绩分配曲线

197

二、个人差

心身机能底个人的特质，互相结合表现于各个人而为各个的特性，这叫做个人差。

个人差底原因，其一是如前所述基于遗传，其他是依环境的影响而养成的，所以一方当注意于结婚，一方当努力地改善教育，改良社会的环境。

（一）个人差底分配

个人差底分配，大体是为盖然曲线的。就是无论精神方面、身体方面，非常优秀者和非常劣等者，都是少的，大多数是寻常平凡者，如上图所示。

（二）个人差底标式

（1）知的方面：①认识对象而学习，有倾

向注意于主要的各个部分底分析的标式和注意于事物底全体底综合的标式。②更于构成表像方面有心像底差异。③记忆有长于"机械的记忆"的，有长于"论理的记忆"的。④想像有受动的标式和能动的标式。⑤思考作用，有长于从一般的原理解释特殊事实的演绎法的；有长于从许多特殊事实导出一般原理的归纳法的。(2)情的方面,有气质底差异。(3)意的方面:①有意志强的，有意志弱的；②有思虑的和冲动的；③有富于决断的和不富于决断的；④有容易集中注意的和不容易集中注意的，或容易注意底分配的和不容易注意底分配的。

三、性的差异

在本能上，男子显著争斗本能，女子显著养护本能；男子长于思考，女子长于记忆，尤其是机械的记忆。因此，一般男子适宜于科学的研究，女子是相反的，适宜语学的学习。这种差异，可以知道是根基于先天的本质和后天的影响的。

许多实验的结果，言语的记忆约女子优于男子十分之一。如卡片分类等手指的工作，女子尤为优秀；但是扣打等及其他筋肉为主的运动，男子非常优秀。心算自然科学和数量的推理等，亦是男子为优秀。但是少年少女，在十三四岁的时侯，大抵是女子底成绩较好，以后是男子方面较好。各个人的能力差底范围，也是男子比女子为广。

Chapter
第二章

学习上影像底容受

第一节　意识底障碍

　　学习是认识外来的印象而统一地结合组织的作用。所以第一需要容受这种印象底器官正常而且健全。如若意识有障碍时，学习也要受障碍的。正常器官底动作，已经前面讲过了，本节是单讲意识底障碍为主。意识底障碍虽有种种，现在就其主要的，列举于下。

一、感觉底障碍

　　寻常有感觉过敏把印象过大视的和感觉迟钝减退感知力的二种。学习上最有密切关系的视觉底障碍比较为多，其中近视眼、远

视眼、乱视眼为最多。视觉底缺陷是易起眼
球疲劳症、神经过敏、头痛、胃病等疾病。
听觉底障碍，虽不如视觉的多，但是这个感
觉底缺陷，对于音乐语学等，固然不必讲了，
一般是阻碍精神发达的。其他感觉之和学习
有关系者，是压觉和运动感觉，所以不得不
十分注意练习这种感觉。

二、知觉底障碍

确实地观察对象的能力，和感觉同为学
习上很要紧的东西，所以知觉底障碍和感觉
底障碍有关联，从感觉过敏而起妄觉，并不
算希奇的事情。又过去经验的不足，从直观
而得的心像底缺乏，注意范围的过小，观察
的不精密，叙述的不正确等，都足以为学习
的障碍者，是不待言了。

三、感情底障碍

在学习上，感情是务必平静为宜。如若

不快、恐怖、愤怒等感情过强，心的历程必有阻害无疑。感情底阻碍也和感觉同，有过敏症和迟钝症，前者易起沈郁，或亢进，后者无论何事都不感动，极为冷淡。

四、意志底障碍

不能努力，不能抑制底病的冲动，是以意志底障碍为主。意志不完全，动机虽定，也不起强健的活动感情，欲运动转于努力，颇觉困难，殆为颓唐和萎靡底状态。如这种状态继续不断，那末遂陷于永续的怠惰了。反转来讲，不能抑制，是从意志底弹发力亢进而起的，一到禁止力极薄弱的时候，遂成为病的状态，形成强迫观念、盗癖、放大癖、饮酒癖等底暴举癖了。

意志底障碍，影响于注意和统觉作用，不但学习上有多大的障碍，训练也是无效了。

第二节　学习法

容受印象而保存之，反把它再生起来，这是和知觉、联合、统觉、记忆等有关连的问题，现在只把扩大学习效果底条件，分述于下。

一、学习底态度

与其取受动态度不如取能动态度。与其从联合而容受印象，不如从统觉而作明了的表象或概念，使保存再生，效果较多。

二、诸感觉底并用

务须应用多数的感觉（直观），且以联络感觉运动圈而容受印象为宜。至于直观的学习或教授，必须一面运用运动感觉，最为紧要。

应用直观，在构成心像上最有效力的。

三、想像和思考

从心像而构成新的表像，固属紧要。更把这心像概念化，印象各部分底相互间或新印象和既有知识间作成论理的系统，而基于意义统一起来，形成系统的知识，是于联想和记忆，为最有利的方法。

四、保存和再生

除右面所讲外，对于保存和再生，不得不有一言。（1）反复底分配，有一次为定的，有分为数次而次次反复的，但是分配时间的间隔，须适宜分割。（2）学习须用全体反复的全习法，避去细分小节的分习法。如若难易之差极甚者或极长者，须用折衷的方法。（3）学习底速度，务以深刻其印象，一步一步地进行之。

五、感情底和平

如前所讲，学习中感情须要保持和平。

Chapter
第三章
03

精神作业

第三章　精神作业 ‖

第一节　学习和作业底进路

为达一定的目的而活动其心身，叫做作业（Work），作业分为精神作业和身体作业。如读书、计算、书写等为简单的精神作业。学习历程，是作业底系列，所以定一般的标式，在处理教育底实际问题上，颇为重要。学习历程中，有外来底印象和体会这现象底主观活动的二方面。所以虽在作业上，左右其效果的条件中，有心身底状态为主的内的条件和环境为主的外的条件（如温度、晦明等）。

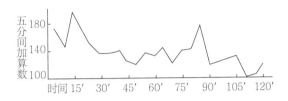

第12图　作业线

　　规定学习作业底进路的内的条件中，最给与永续的根本的影响者，是（1）练习，（2）疲劳。前者是增高作业底能率的，后者是减退作业底能率的。从这二条件，作业底进路发生动摇，或为上升，或为下降。有了这二个倾向，加上兴奋、熟练、注意状态的三条件底影响，学习作业底进路，才有种种的动摇。把作业底进路，用曲线来表示，这就叫做作业线（Work Curve）。

一、兴奋

　　外来底印象接触于感官而到着体会，需要一定的时间；同样，人底心身适应作业，到活泼地活动时，虽在一时间的作业，须要着手后经过 10 分乃至 15 分钟，始有猛进（Warming up），发现最大能率。起床后和长时间休息后，兴奋底起来，是迟钝的。

二、熟练

经营有经验的作业，没有不安之念，颇觉惯常，所以作业能率极大，这叫做熟练或叫做熟知感。

三、注意状态

作业线底进路，律动地动摇者，因为注意状态动摇的缘故。作业的开始和终了，特别地意志紧张，觉着有兴味，能力也增加，这叫做开始努力（Initial Spurt）或终了努力（End Spurt）。

总之，学习作业或一般作业如上图所表

示的样子，是波动式的进行的。

第二节 练 习

一定时间反复特殊的作业，而于心的内容间或感觉运动间形成相关结合者，叫做练习（Practical）。从这练习所得的结果，叫做熟练。

在练习上所应当研究的问题，有（1）练习效果线，（2）练习效果底标式，（3）练习效果底波及，（4）练习底条件等。

一、练习效果线

练习底效果，要经营作业中意识少，作业底速度和分量增，而且性质良好。从练习而营作业的机能发达底径路，把曲线来表示起来，叫做练习效果线或练习曲线（Practice Curve）。大抵练习底初期，进步颇速，曲线表示上升而发达。以后渐渐减低，直到一

时发达停滞的状态。曲线的部分，叫做高原
（Platean）。在练习中，当高原的时期，不但
不失望而且努力，那末，大抵还有进步，曲
线显著地上升。大多数的高原，起于已失最
初底兴味和再没有适当的相关结合的组织之
时，而为下次进步底潜伏期。

　　练习底效果，到某程度是永续的，但是
一部分的效果却已消失。如不行练习时，消
失度数更速。

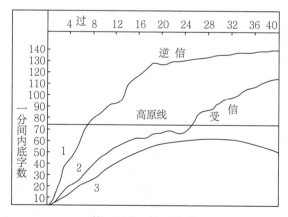

第 13 图　练习曲线

二、练习效果线底标式

练习曲线一般如上图所示的样子，为对数曲线状者较多，不过从作业底种类、个人底特质和其他练习底条件，发现许多的标式。

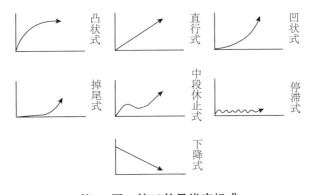

第 14 图　练习效果线底标式

这种标式，大别之有下列三种。

（1）上升式。

练习期间中，无论何时，都是表示发达的状态者。这又可分为①凸状式（用对数线状而发达者)，②直行式（自始至终，一样进步)，③凹状式（初期不发达，后来极发达，就是和①正反对者)，④掉尾式（凹状式底变形，初期殆无进步，到了末期，急激地进步)，⑤中段休止式（起初凸状式或直行式，中途久长停滞，其后再行进步）的五种。

（2）停滞式。

从始至终，差不多一点没有进步的状态。

（3）下降式。

愈加练习，反形退步，这是条件不适当的时候和疲劳的时候，时有发现底状态。

三、练习效果底波及

练习底效果，限于被练习的机能为主。但是某种作业底练习的结果，其机能的发展和其有类缘的机能，也有多少的发达。这是叫做练习效果底波及，或练习底转移。

四、练习底条件

前面所讲和学习法有关联者，其主要的条件如下：

（1）练习不可不有注意和兴味。

（2）在练习时，有怎样的联合，不可不明了地意识而努力。有时虽无兴味，只要努力，也能举效果。有了效果，遂引起兴味，也是有的。

（3）练习从思考作用而导出，不是从试行错误法而导出的。

（4）练习应适当其时间底分配，不可流于过度而起疲劳。

（5）练习须以十分熟练为止，不可间断。

第三节　疲　劳

在一定时间继续作业，那末在主观方面，元气消耗，感觉一种不快；在客观方面低下其作业底质和量，这叫做疲劳（Fatigue）。

疲劳底原因，一是组织身体底细胞内，消耗其有机物质；其他是新陈代谢中同化过程负于异化过程而血液中发生疲劳毒素的缘故。又照主观而言，意识疲劳之感的缘故。主观的疲劳感，虽未必和生理变化并行的，但是和生理有密切的关系，却是事实。所以有用转换精神作业和身体作业，以图疲劳的回复者，是错误的。

疲劳底进路得分为三段：（1）疲劳极少时，作业底速度反为增加，但是其质实劣。（2）疲劳加强，性质速度，都觉低减。

（3）疲劳达于极度时，遂成疲惫，而陷于不得为作业的状态。

第四节　休息睡眠

恢复疲劳，须要从填补消耗的势力，排除疲劳的物质着手。所以这手段上，必须摄取营养物、休息、睡眠等。疲劳底完全恢复，虽得之于睡眠中，在作业中，为适度的休养，也是要紧的。从休憩时间底长短，及与作业底性质分量等底关系而言，极为复杂；但是还没有十分研究，所以对于这种问题，将来非大大注意不可。

睡眠底直接原因，在于意识中没有一些紧张状态底时候，中枢部起了一种变化的缘故。睡眠中中枢部底活动，仿佛中止。对于外来刺戟底感受性，变为迟钝，一切底生活作用，减少活动。因此，同化历程优于异化历程，所消耗的势力，补充起来，新的势力，再行积蓄。

睡眠底进路，照健康的身体而言，就寝后一时间以内，入于最深眠状态。有 30 分钟的样子，保持这个状态，其后深浅交替，遂返于觉醒状态。不过，各个人并不绝对相同的，有示其反对的进路者。前者底能率，一日午底前中较高，后者午后较高。不健康者，动摇颇多，近于早晨再入于深睡，所以在这种时候，一经早起，身体颇感不快。

睡眠必要底时间，大体从 7 岁到 9 岁，要 11 时间，从 9 岁到 11 岁，要 10 时间至 11 时间，从 12 岁到 13 岁要 10 时间，从 14 岁到 15 岁要 9 时间半。

作业和睡眠底关系，应慎密考虑，不使陷于睡眠不足底状态，为作业能率上，最要紧的事体。

第七编

心身的发达

身体底发达

第一章　身体底发达 ‖

　　有许多动物，生后心身即很发达，无须双亲的保护养育的，或者虽受一些保护养育，只须极短的时日，就能独立自存了。不过，高等动物，尤其是人类，非受其他保护爱育，完全不能生活的。这是（1）因为人类的环境，颇形复杂，所以要和这复杂的环境相应，非有比较的久长准备期不可。（2）因在幼儿容纳性的强盛时，非避去经济及其他直接的生活的压迫，充分地获得将来生活上所必要的知识技能不可。

　　人类底发达，有先天的可能性的；但是从内部发展底倾向上，颇受环境底影响。所以一面发挥自己底特色，同时能够适合于社会的事情，教育就是把这可能性十分发达，供给其从外部来的适当刺戟的助长作用。现在先从其身体底发达而论，我们知道身体是伸长和充实交互为用，换一句话，就是身体的发达，有急速的时期，有徐缓的时期，显示一种律动的进行底倾向。

一、婴儿期

生后满一年之间的小孩，叫做婴儿期，是为人底一生中发育最盛的时期。初生的时候，并无牙齿，专靠哺乳而发育；在最初一个月，发育奇特的迅速，而全体的形状，极不平均，头部过大，四肢极短，胸部小而腹部大，这是无运动的必要，头脑的成长和消化作用，颇形旺盛的缘故。

二、幼儿期

从 1 岁到 5 岁终之间的小孩，叫做幼儿期。幼儿期又分为前后二期，1岁直至4岁，身幅的增加，比较身大的增加显著，且有肥满的倾向，所以这叫做第一充实期。在此时期，乳齿渐生，消化固形物体之力渐大，上肢和下肢，也皆发达，且能直立步行。1到5岁，身长底增加，优于身幅底发达，发育再形旺盛，这时期叫做第一伸长期。乳齿逐渐完成，四肢大加发育，这时候无哺乳的必要，且其躯干，全身平均，自由活泼，运动不已。

脑髓底发达，在这终期，略略达到完成之域，受正式学校教育底心身，须在此时准备。幼儿期底教育，专在家庭和幼稚园中行之。

三、儿童期

从6岁到12岁之终，叫做儿童期。这时候，伸长的增加率虽减，体重的增加率骤著，所以这叫做第二充实期。特征是乳齿渐渐脱落，永久齿开始发生，入次期而完成。这时期的教育，专在小学校中行之。

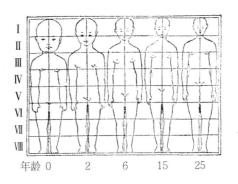

第 15 图　儿童和成人身体各部底比较

四、青年期

从 13 岁到 23 岁，叫做青年期。一到十三四岁，再开始显著身长的增加，所以这叫做第二伸长期。女儿一般比男子发达早二年，因之，一时发育，优于男子，然到后来，劣于男子，从这时期起，男女底表征大为显著，1 到 15 岁，脑底重量，也约略接近于成人。

这时期的教育，小学已毕业，在中等、高等程度的学校行之。或入于社会生活，受社会的影响而修养之。

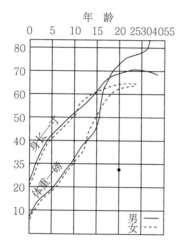

第 16 图　身长、体重发达表

五、壮年期、老年期

从 24 岁起至 47 岁止，叫做壮年期，专营社会的活动。在这以后叫做老年期，心身开始衰弱。

Chapter
第二章

02

精神底发达

第二章　精神底发达

精神底发达和身体底发达相等，取律动的经过。

一、婴儿期

在这时期，生活上必要的感觉，已经发达，伴着这感觉的比较的单纯感情，也能发生，不过统一感觉的要素而为明了的统觉表象力，极形薄弱。因这缘由，在意识上，自他的区别不明，对于自己底四肢，也像对于第三者一样，其行动完全是本能的冲动的。

二、幼儿期

一到这时期，感觉器管，大为发达，其作

用略略完成，运动器管也颇发育，且从好奇心、模仿心等底作用，扩大其心的生活底领域，从直观经验底作用，逐渐丰富其心像，同时和符号相结合，增加言语底知识。到四五岁时，想像作用虽然发达，因记忆思考等作用，还是幼稚，所以容易走于空想和记忆想像等混同。喜谈话，好游戏，并且常常表现伴着手舞足蹈底戏曲的倾向。

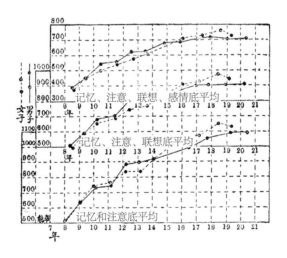

第 17 图　精神能率底发达曲线

第二章　精神底发达 ||

至于感情方面，伴着自我意识底发达而强于主我的倾向；动辄表现残忍性虐待动物。同时，这个倾向现于他方面，和自发活动及自己主张，相接相厉，扩大其活动的范围。

同情和爱情等底萌芽，虽已有几分存在，道德的感情，还没有十分发达，动作依然是冲动的，大多数是支配于利己的欲望。

三、儿童期

在这时期，随着心身底发达，从直观作用，把外界化为自己底智识，且依着记忆能力底发展，心像渐渐丰富，把观念作为生活底中心。

这时期受动注意成为能动注意，同时意识内容也从统觉的结合而生许多的观念。后半期中，能动的想像，渐形发达，思考的作用，次第进步，但是，大体事物以主观的归纳的推究为多，客观的演绎的推究为少。

至于感情方面，正在出家庭生活而入于学校生活的时候，急遽地扩大交际的范围，经验着种种的情绪。因此自我观念和他我观念相互发达，逐渐促进爱他的倾向底发达，尤其是性的情绪底萌芽，愈加使这倾向强盛。

运动机能底发达，一面和争斗本能底发达相接触，或为种种的游戏，求知的活动。这个行动，虽然从他律的而进于自律的，依然把主我的倾向为中心。

四、青年期

在这时期，感觉表像，渐成概念，推理判断，固然发达，合理的思考作用，也极旺盛。

这时候求新智识之念旺盛，不过动辄悬拟空想的理想，而欲求得此中真谛。缺乏世间的智识和非合理的理想相冲突者，往往倾向于怀疑，或沉溺于自暴自弃。却是一方面努力于理想的进求，所以智识极其发达。

照情的方面而论，这时候以情绪为中心，易于奋激，易于热中，其中于性的爱欲底追求，最易发现这种倾向。但是情操一发达，爱他的情绪，即被纯化，遂成为宗教的情绪，以促进道德情绪底发展。

知识和经验进步后，常欲思虑，选择意志底动机，渐渐加强了责任底感情、本务底观念、善底意识。从此行为方面，一面发挥个性，同时插入他我，调和社会的生活。不过元气旺盛，感情动摇，思考倾于误谬，生活易于放浪，因之有沾染恶习乐而忘返之虞。其中性欲的发露，最易陷于这种倾向。照上所讲，在这时期，身体和精神，同为人生的危险期。

五、壮年期、老年期

一入壮年期，知底作用，愈加精练，感

情也渐渐稳健，在意志上，能深谋远虑，能勇敢果毅。

壮年期中生活果然圆满，但是习得新事实的能力，逐渐衰颓。一及老年期，那末，感觉器官，渐行衰退，知、情、意三方面的活动，均不自如，有还原于幼儿状态的倾向。俗语所谓八十老翁如稚子，确系实在的情形。然从他方面讲，一是进步的发达的，一是保守的退化的，根本上大异其趣。

从上面看来，教育的时期，起于幼儿期，经儿童期，终于青年期，为最普通。受高等教育者，终于壮年期之初。

本书的主要参考书

1. Thorndike：Educational Psychology

2. Kiokpatrik：Fundamentals of Child Study

3. 入泽宗寿：《新制心理学》。

4. 高岛平三郎：《儿童之精神及身体》。

5. 上野阳一：《心理学通义》。

6. 朱兆萃、丘陵：《教育心理学》。

7. 廖世承：《教育心理学》。

编后记

本书是中国现代著名教育家朱兆萃先生的一本专著。对心理学的研究对象、心理学与教育学的关系做了介绍和分析，对现代心理学的各派别均有介绍，更主要的是，针对心理学研究的各要素，包括意识、注意、感知、记忆、想象、情绪等都展开了比较详细的探讨，语言通俗易懂，论证深入浅出，观点独到鲜明，对于了解和研究西方现代心理学的被引入中国具有积极的参考价值。

本社此次印行，以上海世界书局1929年出版的《教育心理学ABC》为底本进行整理再版。在整理过程中，首先，将底本的

编后记

繁体竖排版式转换为简体横排版式，并对原书的体例和层次稍作调整，以适合今人阅读。其次，在语言文字方面，基本尊重底本原貌等。与今天的现代汉语相比较，这些词汇有的是词中两个字前后颠倒，有的是个别用字与当今有异，无论是何种情况，它们总体上都属于民国时期文言向现代白话过渡过程中的一种语言现象，为民国图书整体特点之一。对于此类问题，均以尊重原稿、保持原貌、不予修改的原则进行处理。再次，在标点符号方面，民国时期的标点符号的用法与今天现代汉语标点符号规则有一定的差异，并且这种差异在一定程度上不适宜今天的读者阅读，因此以尊重原稿为主，并依据现代汉语语法规则进行适度的修改，特别是对于顿号和书名号的使用，均加以注意，稍作修改和调整，以便于读者阅读和理解。最后，对于原书在内容和知识性上存在的一些错误，此次整理者均以"编者注"的形式进行了修正或解释，最大可能地消除读者的困惑。

文 茜

2016 年 11 月